Emilio Pacull

LUZ DE INVIERNO

Crónicas de exilio y de arraigo

Catalonia

Pacull, Emilio
LUZ DE INVIERNO
Crónicas de exilio y de arraigo

Santiago de Chile: Catalonia, 2023
176 pp. 15 x 23 cm

ISBN: 978-956-415-037-6

AUTOBIOGRAFÍA
CH 920

Diseño de portada y diagramación: Amalia Ruiz Jeria
Fotografías de portada e interior: archivo personal del autor
Corrección de textos: Cristina Varas Largo

Dirección editorial: Arturo Infante Reñasco

Primera edición: julio 2023

ISBN: 978-956-415-037-6
RPI: Trámite tvyylj (20/06/2023)

Santa Isabel 1235, Providencia
Santiago de Chile
www.catalonia.cl - @catalonialibros

A R., por su amor

Nada dura y sin embargo nada pasa.

Philip Roth

La naturaleza del hombre es malvada.
Su bondad es cultura adquirida.

Simone de Beauvoir

Índice

El embrujo de la luz

Desde el jardín de la casa observo el faro. Es difícil romper con su murmullo solitario, con su persistencia implacable. A menudo me quedo allí, inmóvil, mirándolo en su recorrido circular. Cada cinco segundos, su poderoso rayo de plata inunda mis ojos. Las formas que revela varían según las estaciones.

Estamos a principios de diciembre y el primer destello resplandeció a las 17:40. La noche se aproxima, y con ella el polvo misterioso de la memoria se asienta sobre mi mundo.

Vivo a quinientos metros de distancia del faro a vuelo de pájaro y a pesar de los muchos años de convivencia con él, todavía me seduce el embrujo de su llama. En inglés se usa la expresión *lighthouse* —literalmente "casa de luz"— para definir la construcción monumental que se despliega frente a mí. Esta definición me encanta porque integra la noción de sortilegio que es inseparable de la dimensión mítica y romántica del edificio.

Entre nuestra casa y el faro el paisaje es lunar, pálido, granítico. Nada se opone a mi mirada; ni una casa, ni un árbol, ni un relieve; solo yo y la monótona luz que penetra mis pupilas.

El paisaje que se extiende ante mis ojos no ha cambiado en mucho tiempo, al menos desde la construcción del faro a fines del siglo XIX. Este espacio inalterado me produce una alegría intensa, la sensación de poder viajar en el tiempo, de ver y experimentar las emociones que los antiguos habitantes de estos lugares vivieron. Una forma de continuidad, de fusión entre los diferentes tiempos de la existencia.

Desde mi infancia he visto tantas veces los paisajes del mundo transformarse y desintegrarse, que el territorio incólume y misterioso que se presenta ante mí es como un milagro. Nada cambia.

Esta noche hay niebla. Hace varios días que llueve sin cesar y la humedad emerge crepuscular por entre las piedras envueltas en la tierra. Me gusta la niebla aquí, especialmente por la noche, cuando las partículas de agua se encienden y cobran vida al contacto con el poderoso haz de luz del faro. Así, de pronto, surgen miles de diminutos escarabajos plateados que vuelan a ciegas hacia el infinito. La neblina me impide ver con claridad el paisaje, pero a la vez me propone la imaginación como una ofrenda y despierta en mí el deseo de buscar más allá de la realidad, explorar lo invisible, rastrear la memoria, escudriñar en el polvo del tiempo.

Me imagino entonces que la casa de la luz se transforma en un gigantesco proyector de imágenes, que se incrustan en el cielo y lo iluminan al caer la noche. Como esos carruseles de proyección de diapositivas que inventó Kodak el siglo pasado y que en su momento nos parecieron el colmo de la modernidad, la cúspide de la tecnología.

Alrededor del cilindro del edificio, un carrusel de diapositivas gigantes inicia su rotación mecánica. Imágenes surgidas de mi memoria irrumpen entre las nubes sombrías, las atraviesan, las iluminan; algunas son en blanco y negro, otras en color, de un rojo saturado como aquella película Kodachrome que utilizaban los reporteros de guerra en la década de los sesenta.

El último farero

Tuve la oportunidad de conocer al último farero de La Mola en la isla de Formentera, poco antes de que el faro se automatizara por completo.

Recuerdo que Javier me mostró orgulloso su castillo de luz. Deambulamos por escaleras improbables, ojos de buey oxidados, gavetas polvorientas, mapas apolillados: un escenario digno de la imaginación de Julio Verne. Al final de la visita me hizo descubrir una sala de máquinas inverosímil, reino de la mecánica industrial del siglo XIX, y sobre todo el fabuloso lente de Fresnel destellando su magia transparente y poderosa a la hora de encender la linterna.

—Hecho en Francia hacia finales del siglo XIX —me dijo.

Javier había querido ser farero para tener tiempo de observar la naturaleza, a los pájaros marinos y sus cantos, escuchar el viento y las olas, pasar largas noches sin otra compañía que la suya. Era músico, y me mostró varias partituras solemnemente instaladas en un atril, en el último piso del faro, frente a la inmensidad del mar. Un lugar increíble.

Sin duda algo megalómano, Javier se veía dirigiendo una orquesta imaginaria donde la naturaleza y sus poderes serían domados por su propia voluntad de encontrar una armonía en el caos del mundo.

Me dijo que la composición que tenía ante mis ojos era una ópera, y que había imaginado a los personajes plasmando el silbido de las balizas cuando los vientos penetran en sus cuerpos de acero, así como los cantos de las aves marinas y los ritmos alternantes de los diferentes haces de luz que observaba con sus binoculares desde su torre de cristal.

El último farero dormía durante el día. A veces me lo encontraba en el pueblo con una canasta en el brazo, discreto y despreocupado haciendo sus compras en el mercado. Muy delgado, silencioso y con una espesa barba roja.

Cuando llegaba la noche, Javier se transformaba, se convertía en un dios dentro de su cápsula de granito y vidrio. Todo era posible allí, en su reino; cantaba, aullaba, hablaba con los pájaros nocturnos, con la lluvia que golpeaba su ventana; se volvía como un demente, un delirante, sin límites.

Confieso que me hubiera gustado instalar una cámara secreta y observarlo en sus delirios creativos.

Yo también, a menudo escucho desde mi casa armonías por las noches, menos grandilocuentes que las de Javier. Oigo sutiles flautas de pan, tambores y cantos lejanos apenas perceptibles, pero lamentablemente nunca pude escuchar la ópera de la que Javier me habló. Me acabo de enterar de que antes de partir, antes de dejar su último refugio aquí en Formentera, una tarde de luna llena de finales de verano, Javier organizó como acto de despedida un espectáculo en la explanada frente al faro. Allí, interpretó su ópera marina con dos músicos y unos cuantos espectadores. Le había pedido a su compañera, una hermosa muchacha que era maestra de la escuela del pueblo, que se envolviera en una colchoneta como si fuera una crisálida al final de su metamorfosis. Un espectador de aquella escena me contó que la muchacha iba progresivamente abriendo su envoltura al ritmo del *crescendo* del violoncelo hasta revelar su cuerpo desnudo, barrido por la luz de la linterna entrelazada con la de la luna resplandeciente de aquella noche.

No sé dónde está Javier hoy y nunca sabré qué quiso expresar con esa imagen.

El faro de La Mola

Mi vecino Pep de La Mola

Pep tiene 98 años y es mi vecino. Vive a solo cien metros del faro. Lo aprecio mucho y también a su esposa, Margarita. En poco tiempo nos hemos convertido en amigos muy cercanos. Yo soy treinta años menor, pero cuando estoy con ellos la edad no tiene ninguna significación.

Es difícil de explicar, pero no hay edad entre nosotros. Estamos ahí, vivos, hablando, comiendo o riendo, a veces enfurecidos defendiendo una idea, pero solo cuenta el placer de vivir el momento presente, rodeados de una ternura que huele a higuera y a sus frutos de caramelo, esos higos de color carmín cuyo inefable sabor no existe sino en la majestuosa higuera de la casa vieja, la antigua casa donde nació Pep el 14 de agosto de 1920.

En el verano de 1997 compramos una antigua ruina en La Mola frente al faro, en la isla de Formentera, la más pequeña de las Islas Baleares. Casi nada quedaba de la casa original; solo una pila de piedras amontonadas con una imprecisa forma rectangular. Magníficas piedras doradas por siglos de sol, piedras que transpiraban vidas antiguas y más piedras y guijarros hasta donde alcanzaba la vista. Fue aquí donde tomé conciencia de la vida mineral y de su intensidad, tan vigorosa y sutil como la de la vida vegetal. Piedras vivas cuyos refinados colores incrustados en su superficie revelan, a quien sabe verlo, su historia.

La casa había sido abandonada hace mucho tiempo, pero a través de lo que quedaba visible de su arquitectura morisca se podía deducir que al menos dos siglos habían pasado desde su construcción. Caminé entre las piedras, entre los muros derrumbados tratando de ver las huellas de vida de los antiguos ocupantes. Reconocí un viejo horno de pan del que solo quedaba una vaga forma redondeada, y lo que debió ser el recinto de los

cerdos o las ovejas, reconocible por los excrementos secos que formaban una capa acolchada en el suelo. Me sedujo ese paisaje brutal y suave al mismo tiempo. El viento que soplaba del oeste era cálido y envolvente y, por encima de todo, el inmenso y magnífico mar y el también magnífico cielo que se funde con el azul hasta tal punto que a veces nuestra mirada se pierde entre el cielo y el mar y la cabeza gira como lo hace el mundo, y en una fracción de segundo nos encontramos en las antípodas.

Durante aquel verano de 1997 yo subía todos los días a La Mola a contemplar las ruinas y soñar con la casa que íbamos a restaurar, y que era el presagio de una nueva vida.

Un día, observé a lo lejos una pequeña figura que caminaba en línea recta hacia mí, escalando pacientemente uno tras otro los muros de piedra seca que delimitaban el campo. Al acercarse, el hombre se presentó y me preguntó si sabía dónde estaba. Un poco sorprendido le respondí que estaba en mi casa, en Can Jaume. Se puso a reír con una espontaneidad casi infantil y me dijo:

—¡Can Jaume es *mi* casa! Fueron mis abuelos quienes vivieron aquí antes de construir la casa donde yo nací, y antes de ellos vivían aquí otros parientes. ¡Este lugar no puede ser tuyo! Estarás de paso por aquí, como todos nosotros; pero tuyo, eso no. Esta es una de las casas más antiguas de la zona.

¡Harta razón tenía Pep! Sus palabras eran elocuentes y cargadas de una verdad contagiosa. Hablamos largo rato y entre risas y silencios, algo singular comenzó a tejerse entre nosotros, una armonía natural, una confianza.

Caminando, me mostró una hermosa higuera cargada de frutos al fondo del jardín, una higuera abandonada como la casa, pero que continuaba imperturbable el ciclo de la vida.

Pep se acercó al árbol y me contó que él no debía tener más de seis años cuando su abuelo lo plantó en ese lugar, con él a su lado.

—Al principio era solo una pequeña rama y mira en lo que se ha convertido después de setenta años —me dijo riendo.

Recordó como si fuera ayer los gestos de su abuelo para sondear la roca y encontrar el lugar donde el corte podría sobrevivir. Me narraba todo esto con tal deleite y alegría que de pronto comprendí el increíble privilegio el mío, extranjero en esta tierra, de ser iniciado desde las raíces en una historia que apenas comenzaba para mí y mi familia, y cuyos vínculos con el pasado tomaban forma y se encarnaban con una maravillosa sencillez ante mis ojos.

Los higos blancos

El verano siguiente cuando vinimos de vacaciones, la casa estaba restaurada toscamente, pero ya era habitable. El terreno, al contrario, era un inmenso y caótico espacio de piedras esparcidas. Orgullosa de su belleza granítica, la piedra resiste como si quisiera conservar su poder mineral frente a la fertilidad de la tierra. No sé cuántos miles de piedras, de todos los tamaños y formas, arranqué del suelo para darles una oportunidad a las plantas, a los árboles y a las flores.

Discretamente, Pep vino durante el invierno a buscar el lugar adecuado para plantar una nueva higuera en Can Jaume, con la intención de ofrecernos un trozo de su jardín milenario. Probablemente había repetido los mismos gestos aprendidos de su abuelo en otra vida. Cuando fui a agradecerle, me dijo simplemente:

—Estos son higos blancos, los que usted y su esposa prefieren.

Dieciséis años después, en el verano de 2013, la higuera de Pep nos prodigó por primera vez su fruto, cuatro o cinco higos blancos que comimos con delicadeza. Si todo va bien y el desastre climático anunciado no se produce demasiado pronto, nuestra nieta y su descendencia deberían poder aprovechar al máximo esta higuera. La Mola con los vientos violentos que la asolan, la tierra caliza y su calor implacable es una escuela de paciencia para el mundo vegetal. Desde hace casi veinte años, cada planta, cada flor, cada árbol que florece ha sido para nosotros una auténtica alegría, tan intensa es la atención y el diálogo entre nosotros y el mundo vegetal.

Chile y el exilio

Salí de Chile en mayo de 1973 para venir a estudiar a Francia. Muy pronto me convertí en un exiliado político y en cierto modo lo sigo siendo, un exiliado. Por extraño que parezca, una vez que obtienes este título te quedas con él de por vida. Arrancado contra tu voluntad de tus orígenes, te conviertes gradualmente en un ciudadano del mundo, lo que no es realmente una bendición ni mucho menos, ni siquiera en este tiempo en que se alaba la globalización, el cosmopolitismo y todos esos lugares comunes que nos repiten hasta el cansancio, y cuyo único fin es homogeneizarnos para reducirnos mejor.

He tenido desde mi niñez la percepción de que los momentos más preciados, los encuentros más hermosos y las experiencias más ricas de mi existencia, las he vivido en lugares mínimos, con seres mínimos también. En los momentos en que he aprendido las cosas importantes de la vida he estado siempre en compañía de gente humilde, a menudo en tierras lejanas, lejos del ruido y de las falsas apariencias. Ahora, creo más que nunca en la diversidad, en la riqueza de nuestros contrastes, en la ternura que brota de la profunda aceptación de nuestras diferencias. Hacernos creer, en nombre de los intereses superiores de la *democracia*, que debemos borrar nuestras discrepancias y que el futuro de la humanidad dependerá de nuestra capacidad de compartir los mismos valores y las mismas creencias, forma parte de una de esas grandes mentiras colectivas de las que está repleta la historia. En última instancia, el único objetivo de esta ideología "emancipadora" es el de domesticarnos, para que podamos acceder juntos al templo del consumo sin restricciones, el disfrute final de nuestro paso por este planeta.

Muchos de nuestros amigos murieron en Chile durante o después del golpe de Estado fomentado por la CIA y encabezado por el general Pinochet el 11 de septiembre de 1973. Mi padrastro, Augusto Olivares, murió en el Palacio de La Moneda aquel trágico día, alrededor de las tres de la tarde. Arturo Jirón, médico del presidente y testigo de aquellos momentos aciagos me contó hace unos años la escena:

—Augusto tenía una herida profunda en la cabeza, falleció al poco tiempo de haber intentado reanimarlo. Cuando el presidente Allende descubrió el cadáver, hizo una mueca de dolor indescriptible, luego recuperó su fortaleza y nos dijo: "Vamos a guardar un minuto de silencio por Augusto Olivares". Y ahí en medio del bombardeo a La Moneda, con el ruido ensordecedor de los disparos, casi sin poder respirar por el humo y con el fuego a nuestro alrededor, hicimos un minuto de silencio.

El presidente siguió el mismo camino que su amigo poco rato después. Augusto Olivares era más que un gran amigo de Salvador Allende. Había participado en sus dos campañas electorales perdidas de 1958 y 1964 y la confianza entre ellos dos era absoluta. Cuando fue elegido presidente de Chile en marzo de 1970, Allende no dudó ni un instante en nombrarlo director general de la Televisión Chilena. Fue uno de sus asesores más cercanos y el mandatario sabía de su honestidad inquebrantable.

Cuando yo era adolescente, vi varias veces en nuestra casa al futuro presidente almorzando o cenando con nosotros, y cada vez me llamó la atención la inmensa complicidad que unía a esos dos hombres.

Olivares era un periodista inagotable. Escribía para dos periódicos nacionales y también en varias revistas semanales, sin olvidar su responsabilidad a la cabeza de TVN, la televisión estatal. No militaba en ningún partido político, pero creía que el socialismo permitiría que el mundo fuera más justo y feliz. Dedicó toda su vida a ello. Nunca he conocido a nadie con una coherencia tan hermosa entre sus palabras y sus acciones, y tengo la certeza de que era verdaderamente un hombre de buena voluntad.

Había comprendido antes que nadie en Chile el papel activo que jugarían la CIA y los Estados Unidos en el complot para derrocar al gobierno de Salvador Allende y dedicó gran parte de su trabajo como periodista a denunciarlo. Por razones obvias, era odiado por los golpistas. Aún recuerdo la impresión que nos causó ver, unos meses antes del golpe, que alguien había escrito en la pared de nuestra casa en Santiago, con grandes letras negras: ¡MUERTE A OLIVARES! Ver algo así en nuestro país era algo inaudito.

A pesar de las evidencias, no podíamos sospechar la ola de odio que se apoderaría de Chile y no estábamos realmente preparados frente a la violencia de los golpistas. El odio, la traición, la tortura y la muerte sumieron al país en la oscuridad y el horror por mucho tiempo.

El sufrimiento de mi pueblo, el martirio de Chile, el fracaso de aquel magnífico proyecto de Revolución democrática que tanto habíamos soñado dejó huellas indelebles. En lo personal, llevo en el alma una herida que con certeza me acompañará hasta mi último suspiro.

Hacia fines de septiembre de 1973 me convertí en *persona non grata* en mi país: fui incluido por la dictadura en las listas de las miles de personas con prohibición de ingresar a Chile.

Tenía 23 años.

Un nuevo territorio

¿Por qué misteriosa razón comencé a querer visitar islas? Se me ocurre un argumento rápido, que podría estar bastante cerca de la verdad. Me dije que si había perdido mi patria, era necesario para mi salud mental buscar un nuevo territorio. No una nueva patria, porque a los treinta años ya es tarde para reinventar, sino un territorio anónimo, un lugar donde reconstruir los pedazos de mi memoria diseminados por la historia. ¿Cómo encontrar los olores, los colores, los sabores de esa juventud perdida para siempre? Las islas vinieron a mí como una evidencia.

Francia fue mi país de acogida, el lugar donde trabajé, la patria de mi esposa y también de mi hija, un país que amaba y que amo, pero tenía que fundar ese nuevo territorio que buscaba, crear una nueva historia, una nueva narración, intentar encarnar otra vida.

Vine a Formentera por primera vez a finales del verano de 1989. Enseguida me llamó la atención la pequeñez de la isla, su dimensión minimalista; esa sensación que tengo solo aquí, de sentir físicamente el espacio donde estoy, como si el aire, la temperatura o la luz pudieran tocarme. Pero también, la maravillosa sensación de medir con una sola mirada las distancias que me separan de los lugares, los objetos y las cosas, de entender la naturaleza como en ningún otro lugar.

Recuerdo haber conducido durante un buen tiempo una vieja moto de alquiler, con la que fui descubriendo progresivamente la isla. En esos paseos vagabundos tuve la intuición de que parte de mi vida podría transcurrir aquí.

Margarita

Esta noche ha llovido mucho en La Mola. La lluvia no es habitual aquí y siempre estamos felices de verla y escucharla caer sobre el techo, chorrear sobre las piedras, golpear las ventanas, fluir hacia la cisterna.

Al día siguiente, el camino de tierra que bordea el acantilado está inundado y mi auto lucha por abrirse paso a través del barro y los charcos bastante profundos. Me detengo como siempre en casa de Pep y Margarita, para saludarlos y observar sus rostros risueños y curtidos por el tiempo, esculpidos por la vida. La verdad es que muchas veces me detengo aquí sin motivo alguno, por el solo placer de escucharlos hablar de la vida que transcurre con tan conmovedora sencillez. Nadie puede sospechar los tesoros que he aprendido en su compañía durante casi veinte años. Nuestros lazos se han vuelto tan fuertes que mi esposa y yo hemos pensado, más de una vez, que cuando se hayan ido, pondremos la casa en venta y también nos iremos de la isla. Pero aún ese tiempo no ha llegado.

Hoy Margarita está afuera, hace frío y se ha cubierto la cabeza con un gran gorro de lana. Acaba de matar una gallina grande y le quita minuciosamente las plumas; las más finas vuelan ante la mirada implacable de los gatos siempre hambrientos que esperan ansiosos el mínimo trozo de tripa, la mínima gota de sangre. Me atraen sus manos, redondas, pequeñas, ásperas, pero igualmente hermosas; manos de un mundo que está llegando a su fin, al menos aquí en Europa. Manos duras pero también delicadas, y siempre generosas. Vi esas manos amasar harina, hacer queso, pelar verduras, ordeñar cabras, sangrar un cerdo, pero también bordar un mantel o remendar una camisa. No puedo dejar de pensar en teclados de computadora, en teléfonos celulares y en todos esos gestos que se repiten sin cesar en nuestras ciudades; en todos esos dedos que se mueven con ansiedad, que se aferran como garras a los teclados en una necesidad angustiosa de estar conectados.

Nunca olvidaré la primera vez que vi a Margarita hilando la lana de sus propias ovejas en el patio de la casa vieja, a la sombra de la buganvilia. La filmé con mi cámara y me habló en su idioma antiguo con una modestia y una elegancia de leyenda. Tuve la sensación —la emoción— de estar viviendo una escena de alguna civilización perdida en tiempos remotos. Cuando hablo de minimalismo, pienso en este tipo de experiencias, son ellas las que me han abierto y me abren el camino a los misterios de la vida, me conectan en el mejor sentido con la historia.

Margarita me dice que Pep sigue en la cama. Durmió mal, añade. Me pregunta si quiero que me guarde un pollo grande para la cena de Nochebuena. No dudo ni un segundo en manifestar mi entusiasmo, ya que los pollos de Margarita son sublimes.

Espero a que Pep se levante y caminamos hacia la casa vieja. El anciano está triste esta mañana. Está cansado, y como no tiene fuerzas suficientes para sacar su barco del muelle por sí solo sale cada vez menos a pescar. Pep ama el mar más que nada en el mundo. Fue su entrañable abuelo quien le enseñó todo sobre el mar, la navegación, la fauna marina, la felicidad y la libertad de la pesca. Como lo veo algo deprimido, le sugiero bajar al embarcadero para ver el barco, limpiar el motor, mirar el mar y sobre todo para entretenerlo. En catalán Pou des Verro (pozo de los cerdos) es el extraño nombre del sublime puerto pesquero donde se encuentra la barca de Pep. Lugar alejado del turismo de verano, es uno de nuestros sitios favoritos para nadar, disfrutar del mar y de su divina transparencia. Por primera vez desde que lo conozco, me dice con calma que está cansado de vivir y que si ya no tiene fuerzas para venir aquí y salir al mar con su bote, prefiere no vivir más. Hace ya casi cuatro meses que no sale a

pescar y se da cuenta de que eso le produce una gran ansiedad, le hace daño.

—Además —me dice—, Margarita todavía quiere conservar todos los animales, las ovejas, las cabras, el cerdo, las gallinas, los conejos, las palomas… ¡Es demasiado! Ya somos viejos y ya no tengo la energía para todo eso.

Y agrega:

—Un día cualquiera, Emilio, me voy a subir al barco con el tanque lleno de gasolina y sin decirle a nadie voy a tomar rumbo al sur y voy a navegar sin parar nunca hasta que no quede más combustible en el tanque. Y allí me quedaré esperando el final.

Permanecemos en silencio un largo rato y luego agrega que no le teme al mar y menos a la muerte. Yo no sé qué decir y encuentro que si necesita decirme algo tan íntimo, le debo mi respeto.

Entonces vienen a mi memoria estos versos del gran poeta español Antonio Machado, que le recito aquí frente al mar:

Y cuando llegue el día del último viaje,
Y esté a partir la nave que nunca ha de tornar,
Me encontraréis a bordo ligero de equipaje,
Casi desnudo como los hijos de la mar.

—Tú también quedarás desnudo como un pez —le digo. Pep me mira y se echa a reír. Terminamos yendo a tomar una copa al primer bar abierto.

Tigrú

Antes de que caiga la noche corto leña y preparo la estufa y la chimenea. Desde ayer empezó a hacer un poco de frío y arreció el viento. Aquí en La Mola el viento es temible. Estamos expuestos a todos los vientos, pero el peor es el del norte, que a veces puede soplar a más de cien kilómetros por hora. Un invierno barrió con tanta fuerza y durante tanto tiempo que logró destrozar por completo la claraboya del techo de nuestra casa.

El viento cuando insiste demasiado puede volverse insoportable, pero escuchar sus silbidos y sentir su poder volcánico desplegarse en la noche, cuando estás protegido por un techo y muros centenarios, es magnífico.

Este invierno estoy solo en casa con mi gato. Su nombre es Tigrú y vive aquí desde que nació. Mi esposa y yo lo salvamos a él y a sus tres hermanos de una muerte ineluctable, ahogados en una playa, cuando tenían solo unos días de edad. Gracias a los ladridos incesantes de Máscara, el perro de mi hija, los encontramos nadando desesperados y los rescatamos a tiempo.

Evidentemente abandonados por alguien que encontró a esta pequeña familia un poco molestosa, nosotros los llevamos a casa, los alimentamos, vacunamos y amamos antes de enviarlos en avión a París con padres adoptivos más acogedores. Todos se fueron menos Tigrú, a quien perdimos a finales de julio de ese año y que logró encontrarnos y llamó a nuestra puerta cinco meses después, el 24 de diciembre cerca de medianoche, tras un viaje digno de la mitología griega.

Amo a este gato, su inteligencia, su ternura, su belleza, su espíritu. Apenas llego a casa me sigue por todos lados, se sube a mis rodillas en cuanto ve que enciendo la chimenea y me invita a menudo a seguirlo en sus paseos nocturnos. Le encanta hacerme regalos sorprendentes: ratones de campo, lirones, pájaros e incluso un conejo aún tibio que trajo el verano pasado, casi de su tamaño y que colocó a los pies de nuestra cama. Es el gato más inteligente, dulce y cariñoso. Nos amamos.

Detrás de nuestra casa, frente al mar, he construido durante los últimos diez años un pequeño cementerio para nuestros animales desaparecidos. Me inspiré en el de Ernest Hemingway después de visitar su casa en San Francisco de Paula, cerca de La Habana, donde el autor de *El viejo y el mar* había erigido una estela para rendir homenaje a los animales que lo acompañaron en su vida.

El nuestro es un hermoso jardín salvaje donde puedes encontrar chumberas, cactus, romero, tomillo y algunas flores cuya fragancia navega suavemente en el aire al ritmo embriagador del sol. En medio del jardín instalé cuatro grandes piedras planas sobre las que grabé los nombres de nuestros queridos animales.

No somos creyentes y en lo que a mí respecta soy más bien agnóstico —agnóstico por herencia familiar—, pero rendir homenaje a todos estos compañeros que tanto nos han dado nos parece lo mínimo.

Una promesa

Para alguien que observa con atención ese jardín, por entre las raíces secas y los cactus espinosos, un objeto insólito llama la atención en aquel lugar. Entre las estelas del improvisado camposanto hay un crucifijo roído y oxidado. Lo encontré en Chile, en el interior del ataúd de mi padrastro cuando me autorizaron a abrirlo y recuperar sus restos, cuarenta años después de su muerte. Mi pregunta no encontró nunca respuesta: ¿Quién puso ese crucifijo dentro del ataúd el 13 de septiembre de 1973, cuando Chile estaba inundado de sangre y violencia, cuando las familias hacían filas en la morgue de Santiago para intentar conocer el paradero de un familiar o un amigo? Mi padrastro no era creyente y lo enterraron a toda prisa y sin ninguna consideración. Era "un comunista menos" para los que acosaban y tiranizaban Chile. Alguien, aquel día de septiembre, logró discretamente introducir en el féretro la escultura de Jesús el Nazareno en la cruz. ¿Qué quiso decir con ese gesto? ¿Honor al sacrificio? ¿Respeto al martirio? Las vías del señor son impenetrables, dicen los cristianos.

Después de más de cuarenta años en la obscuridad más absoluta, enterrado en el ataúd de Augusto, pegado a su pecho, aquel crucifijo anónimo y misterioso se encuentra ahora sobre una piedra dorada de sol en nuestro jardín; entre los gatos, los ratones de campo, los escarabajos y las innumerables lagartijas de todos los brillos y colores que se pasean raudas entre los guijarros.

No puedo dejar de evocar la imagen de mi madre desconsolada, caminando sola detrás del cadáver de su amado en un callejón frío del cementerio de Santiago en aquel triste mes de septiembre.

En Chile, treinta y cinco años después, cuando comprendí que mi madre enferma no viviría mucho más tiempo, le hice la promesa de ayudarla a reunirse con el hombre que tanto había amado… digamos, con los restos del hombre que tanto había amado. En ese momento mi madre padecía ya una demencia senil bastante avanzada, pero recuerdo haber vislumbrado una fugaz sonrisa de consentimiento en su rostro cuando escuchó mi propuesta. Así lo hice y compré un modesto mausoleo en el cementerio para cuando llegara el momento de cumplir la promesa.

Cuando un día de junio del año 2010 recibí en París una llamada telefónica desde Santiago anunciándome la muerte de mi madre, puse en marcha el plan a una velocidad de vértigo. Antes de subirme al primer avión, pedí a Chile que conservaran el cuerpo de mi madre en un cuarto frío. Sabía que, incluso yendo rápido, haría falta un cierto tiempo para alcanzar mi objetivo. La parte más difícil fue obtener el permiso oficial para abrir la tumba de mi padrastro y sacar sus osamentas. Como él se había suicidado el mismo día del golpe y en un contexto político por decir lo menos "complejo", no era simple conseguir algunas firmas y autorizaciones si quería llevar a cabo el plan.

Fue finalmente gracias a la intervención de la senadora Isabel Allende, hija del presidente mártir, que todas las puertas se abrieron como por arte de magia. Me encontré entonces en el mausoleo de los periodistas del Cementerio General de Santiago, en compañía de un anciano sepulturero que, acompañado por un joven aprendiz, habían sido designados para hacer el trabajo. Con un pico comenzó a cavar en la pared mientras el aprendiz recogía los pedazos que iban cayendo. Cuando el agujero fue lo suficientemente grande, salió a la luz lo que quedaba del ataúd después de tantos años. Mientras abría el féretro y sin mirarme, el anciano empezó a emitir palabras que al principio me parecieron incoherentes, luego capté algunas frases que describían los días y los meses que siguieron al golpe militar. Con voz monótona evocó las fosas comunes donde se amontonaban los cadáveres, las mujeres y los niños que desgarraban el aire con sus gritos y sus lágrimas, los amigos y parientes de desaparecidos que se cogían de la mano impotentes. Hablaba con un tono muy hermoso y distante, desgranando palabras como una oración o un rito sagrado. De repente se detuvo y se puso de pie con dificultad, giró hacia mí y señaló lo que quedaba de las osamentas de mi padrastro.

Entonces vi el cráneo. La única parte del esqueleto fácilmente identificable. Como sabía, por testigos, que se había quitado la vida con un balazo en la sien, le pregunté al sepulturero si aún era posible ver si la bala le había atravesado la cabeza. El hombre tomó el cráneo en sus manos y lo colocó contra la luz para observarlo mejor, girándolo de derecha a izquierda. Un pálido sol de invierno inundaba el mausoleo. Después de unos segundos, descubrió la parte derecha del cráneo completamente destruida por el impacto del plomo.

Perturbado, miré al anciano con atención y solo en ese instante reparé en su rostro torturado y su mirada amable, con la calavera de mi padrastro entre las manos y a su lado el aprendiz, arrodillado cerca de la tumba y que reía sin razón mirándome fijamente.

—Es autista —me dijo indicando al joven de la sonrisa permanente—, pero es buena persona y trabaja bien.

Me quedé ahí un instante eterno, embriagado por la emoción. Luego los abracé agradecido y la risa contenida del aprendiz me pareció en ese momento un maravilloso tributo a la memoria de Augusto Olivares. Enseguida comenzamos a recoger metódicamente y sin decir una palabra los huesos y el polvo esparcido y los metimos en una pequeña caja de metal.

La compañía de estos dos hombres en un momento tan especial me hizo sentir que la vida seguía circulando inalterada, a pesar de la pena. Ciertamente nunca los volveré a ver, pero esos intensos momentos que vivimos jamás los olvidaré.

Esa misma tarde de invierno y bajo una lluvia torrencial, tuvo lugar la ceremonia prometida a mi madre. Los dos ataúdes, el de tamaño normal de mi madre y el más pequeño de mi padrastro colocado encima, fueron enterrados juntos. Uno de los ponentes habló de ellos describiéndolos como una pareja ética y estética, y esa fórmula me pareció acertada.

Cuando esa noche, exhausto, cerraba los ojos en mi cama, sentí un velo de una extrema suavidad acariciar mi cuerpo.

El silencio

Escucha ese fino ruido que es continuo, y que es silencio.
Escucha lo que se escucha cuando no se escucha nada.

PAUL VALERY

Esta mañana hay un sol brillante y ni una pizca de viento en La Mola. El silencio es tan puro aquí que cuesta describirlo, como una página en blanco o el vacío celestial. Al contrario, cuando llega la inquietud, el peso del silencio puede ser difícil de soportar. Recuerdo un invierno lejano haber vivido noches aterradas en esta casa, haber sido prisionero de lo irracional, escuchado voces y sentido la presencia de seres invisibles cerca de mí.

Voces de mujeres antiguas hablando muy bajo, cuchicheando, frases opacas cuyo mensaje no lograba entender a pesar de mi inquieta atención. Varias veces me levanté con la linterna con la clara intención de descubrirlas, encandilar sus rostros y enfrentarlas para preguntarles el porqué de su presencia en mi casa, pero el haz de luz encontraba solo muros, piedras, cuadros o mi reflejo atónito en un espejo.

Pep me contó alguna vez que durante muchos años, en los acantilados alrededor de mi casa algunas personas tristes o melancólicas habían decidido quitarse la vida.

—En la familia de mi mujer —me dijo—, varias personas se han suicidado lanzándose al vacío desde los acantilados.

Según él, probablemente los espíritus errantes de aquellas personas rondaban alrededor de la única casa del sector.

A veces con algo de vergüenza me atreví a contarles a algunos amigos la presencia irracional de ruidos y voces por las noches en esta casa y el verdadero terror que eso me producía, y la verdad es que sus variadas reacciones me sorprendieron. La mayoría, los más racionales, se reían y se burlaban amablemente de mis terrores incongruentes, intentando preguntas de una lógica infalible frente a las cuales mis respuestas los hacían sonreír. En otros vislumbré una mezcla de temor y duda pensando que yo estaba bromeando, pero a lo mejor no tanto, y por último estaban los que yo llamaría los "real maravillosos", que me aconsejaban poner velas en los rincones del salón o pequeños platos con comida y agua para crear una armonía con los espíritus que visitaban el lugar por las noches.

—Tiene que haber alguna razón —me decían— para que esos espíritus vengan a tu casa, quizás estén instalados allí desde hace ya mucho tiempo y el intruso eres tú; trata de tener un comportamiento amigable y poco a poco formarán parte de tu entorno.

Escuché y puse en práctica todos los consejos, e incluso con los más escépticos tuve un comportamiento cordial, pero lo más sorprendente de esta encuesta improvisada fue constatar la intensidad espiritual de mis contemporáneos europeos en estos albores del siglo XXI.

No logro aún explicarme con claridad por qué hoy esta preocupación se ha alejado de mí y puedo apreciar la soledad y el silencio como se lo merecen.

Debo reconocer que en el fondo creo que logré hacer las paces con ciertos demonios que circulaban por mi alma, pero no tengo idea de cuándo ni cómo firmamos el acuerdo.

Hoy disfruto la agradable sensación de la quietud, cierro los ojos y me percato de que el silencio no tiene forma sino densidad, vibra y se posa sobre mí produciendo un sutil abrazo en mi piel, en mis párpados, en mi cuello. Una parte importante de la vida solitaria se construye en torno a la cuestión de organizar el silencio, a considerar este silencio que nos rodea como un privilegio y no como un castigo. Así mis días sin hacer nada son plenos, serenos y hasta alegres.

El sutil sonido del aleteo de una mosca viene a romper el encanto y a sacarme de la algodonosa suavidad de las sensaciones.

Abrir los ojos es una acción banal, que se repite inconscientemente cientos de veces al día y, sin embargo, es también cada vez un descubrimiento, una mirada nueva, una apertura a otras sensaciones. Puede durar una fracción de segundo, pero ese instante es eterno y único para cada persona que despierta.

Estoy a solo una hora y media en avión de París y, sin embargo, tengo la sensación de estar en el fin del mundo y en cierto modo lo estoy. Los caminos sinuosos que separan mi casa del faro, la ausencia de cualquier construcción y la presencia ilimitada del mar a mi alrededor, crean una distancia que me separa del mundo. En esa distancia hay alegría pero también inquietud: el sentimiento cada día más intenso de que en nuestra tierra superpoblada y acalorada, el silencio y la soledad probablemente en poco tiempo serán bienes escasos.

El perímetro lunar

Esta noche mi mirada vuelve al faro porque él es el hito, la huella de mis noches. El faro es, en cierto modo, para todos los que vivimos aquí, el gran director de la orquesta nocturna, el mago luminoso que regula las partituras reales e imaginarias que se interpretan en el perímetro lunar donde vivimos.

Nuestro sector en La Mola se llama Venda des Monestir (sector del monasterio). Según los antiguos campesinos de la zona, hace mucho tiempo aquí hubo un monasterio del que no queda rastro. También dice la leyenda que hay un tesoro escondido por los monjes que vivieron aquí hace siglos, pero nadie ha logrado encontrarlo todavía.

Insisto, una de las cosas que más me impresiona aquí es ver que el paisaje no ha cambiado en siglos. En el resto de la isla, desde la llegada del turismo de masas y a pesar de los relativos esfuerzos de las autoridades por controlarlo, la realidad ha cambiado y en muchos aspectos demasiado. Pero en nuestro perímetro lunar, nada se ha movido o casi. Las pocas casas esparcidas por el valle son siempre las mismas y los rebaños de ovejas que pacen plácidamente en la hierba, los imagino idénticos desde hace siglos.

Pep piensa que los cambios de los últimos cincuenta años han sido globalmente negativos para la isla de Formentera. La afluencia masiva de turistas y el dinero en abundancia han distorsionado ciertos valores ancestrales y destruido gradualmente el vínculo colectivo. Pep está convencido de que la vida era mejor y más feliz aquí hace medio siglo.

—Los trastornos son tan grandes —me dice— que si mi abuelo se levantara de su tumba y abriera los ojos, volvería a caer muerto por segunda vez. Y no solo aquí; mira Ibiza al frente, no hace mucho tiempo era un lugar maravilloso, con huertas y jardines por todas partes, con verduras y frutas en abundancia, y ahora solo hay edificios, cemento, carreteras, coches, drogas y gente infeliz.

Y continúa:

—¿A eso le llaman progreso? Antes de la invasión turística de las islas, la gente era amable, dejaban las puertas de sus casas abiertas día y noche; ahora pasan cerrando puertas, volviéndose egoístas y desconfiados. Es cierto que la gente hoy tiene más opciones, buenos coches y ropa nueva, pero de que vivan mejor, que sean más felices, de eso yo no estoy seguro, nada seguro. Antes ganaban poco, pero no tenían demasiadas necesidades; hoy tienen muchas y para satisfacerlas tienen que trabajar más, se cansan, se agotan igual que los turistas que no están nunca tranquilos.

Pep tiene el convencimiento de que todas las cosas materiales que los habitantes de la isla han ganado con la modernidad son infinitamente menos valiosas que las que han perdido para siempre. Me cuenta que hasta hace apenas sesenta años los habitantes de Formentera nunca habían visto un turista. La gente vivía en una autosuficiencia casi total. Había un pequeño almacén para comprar el aceite, el arroz, el azúcar y algunas conservas, pero todo lo demás era producido por cada familia: la harina, la leche, la carne, el pescado, verduras y frutas, todo. El trueque era una práctica muy extendida entre los habitantes y casi nunca se veía dinero.

—En esa época —me dice Pep— en una casa había que saber hacer de todo. Si en una casa no había un hombre capaz de todo, la familia caía rápidamente en la pobreza. ¡Mi abuelo era maestro de todo y oficial de nada! Sabía hacer de todo. Empezando por construir una casa, hacer una mesa, una silla o un bote: todo. Hacía con sus manos las zapatillas de esparto para toda la familia, pero también las herramientas para trabajar la tierra y los arneses para las mulas. Era un hombre muy fuerte y un marinero extraordinario. Me enseñó todo sobre la vida.

El padre de Pep

A principios del siglo pasado, el padre de Pep, Joan Escandell, recién casado, se encontró ante la oportunidad de embarcarse en un velero comercial que zarpaba desde el puerto de Ibiza rumbo a Sudamérica. Le ofrecieron un trabajo como ayudante de cocina. "Aquí en Formentera, en este lugar perdido en el Mediterráneo, una oportunidad como esta no se presentará dos veces", debió pensar el padre. Su esposa estaba embarazada de su primer hijo, pero ambos vieron ese viaje como una oportunidad para ganar algo de dinero y fue así que el padre se embarcó en una aventura incierta.

Esa larga ausencia crearía vínculos muy fuertes entre Pep y su abuelo. Las noticias del padre aventurero eran escasas, una o dos cartas al año, en promedio. Montevideo, Buenos Aires, Asunción, San Francisco; algunas postales amarillentas que aún se conservan atestiguan el periplo paterno. Trabajó en veleros que transportaban carne, pieles y madera entre Sudamérica y Norteamérica. El tiempo pasa. Pep se ha convertido en un niño. Tiene cinco años cuando un día ve a su padre llegar a la casa de La Mola sin avisar.

—Había cambiado por completo. Llegó vestido con traje de tres piezas, camisa blanca de cuello redondo, corbata y zapatos lustrosos, cabello engominado hacia atrás. Parecía un actor de cine o un cantante de tango —cuenta Pep y me enseña una foto que conserva de aquella época, donde vemos al padre con una facha increíble. Se puede imaginar la conmoción que produjo la presencia de ese *gentleman* venido de las antípodas entre aquellas mujeres austeras vestidas completamente de negro y cubiertas hasta la cabeza, y hombres rudos vestidos con sencillez bíblica.

—Yo nunca lo había visto, e incluso mi madre tardó mucho en acostumbrarse a ese hombre que se parecía poco al que se había ido cinco años antes.

Con el dinero ahorrado en esos años, el padre pudo comprar unas hectáreas para ampliar la tierra cultivable alrededor de la casa. Pero lo más importante —recalca Pep— es que conoció en su viaje, sobre todo en Argentina, a jóvenes de su generación con ideas libertarias y profundamente diferentes a todo lo que él había conocido hasta entonces, un movimiento muy influyente de lucha por los derechos de los trabajadores y especialmente contra el poder de la Iglesia y el orden establecido. Las ideas anarquistas se expandían como la pólvora entre los trabajadores y los humildes de esa parte del mundo. La impronta de los anarquistas en los sindicatos sería el caldo de cultivo de las futuras corrientes de izquierda que se desarrollarían durante el siglo XX en toda América del sur.

Para Joan Escandell, que vivió como sus antepasados en La Mola en total autarquía, el encuentro con estas nuevas ideas fue una revelación. Él, que como cualquier humilde de España había vivido en la sumisión al poder y en el temor a dios y a la Iglesia, quedaría profundamente marcado por el encuentro con otra manera de ver la vida y el destino de los hombres. Estas ideas influirán en el joven Pep y agudizarán su carácter y su sentido crítico.

El escritorio de mi padrastro

El escritorio de mi padrastro en nuestra casa en Santiago fue un lugar extraordinario cuando yo era adolescente. Las paredes estaban cubiertas de estanterías repletas hasta el techo de libros de todo tipo: ficción, historia, poesía, ciencia, filosofía. Apenas podías moverte entre los montones de periódicos y revistas amontonados en el suelo. Una máscara africana en una pared, la escultura de Maiakovski sobre una mesa, la del Quijote y Rocinante, el retrato de Ho Chi Minh, dotaban a ese lugar de un encanto maravilloso.

La cultura y el conocimiento concentrados en un lugar un tanto enigmático pero también alegre y muy hermoso, despertó en mí curiosidad y respeto. Desde que descubrí ese lugar, siempre aprovechaba su ausencia para ir a hurgar, escuchar la radio o simplemente leer o jugar en esa cálida habitación que olía a tabaco y papel. Creo que fue allí donde tomó forma mi despertar hacia la inmensidad del mundo y también mi toma de conciencia respecto de la injusticia social. Fue, por ejemplo, mientras hojeaba una vieja revista con páginas descoloridas que descubrí las horribles masacres de campesinos en Colombia en la década de 1950. Me quedé estupefacto con las fotos que mostraban a cientos de campesinos asesinados y torturados simplemente porque pedían un pedazo de tierra. El nacimiento de las FARC, años después, está íntimamente ligado con la crueldad e injusticia que sufrió el campesinado colombiano de parte de los terratenientes y el ejército.

La Revolución cubana fue también, para el niño de 10 años que yo era, algo grandioso, increíble. Ese pequeño país del Caribe a fines de la década de 1950, en un continente totalmente dominado por Estados Unidos, había logrado su liberación y, lo que

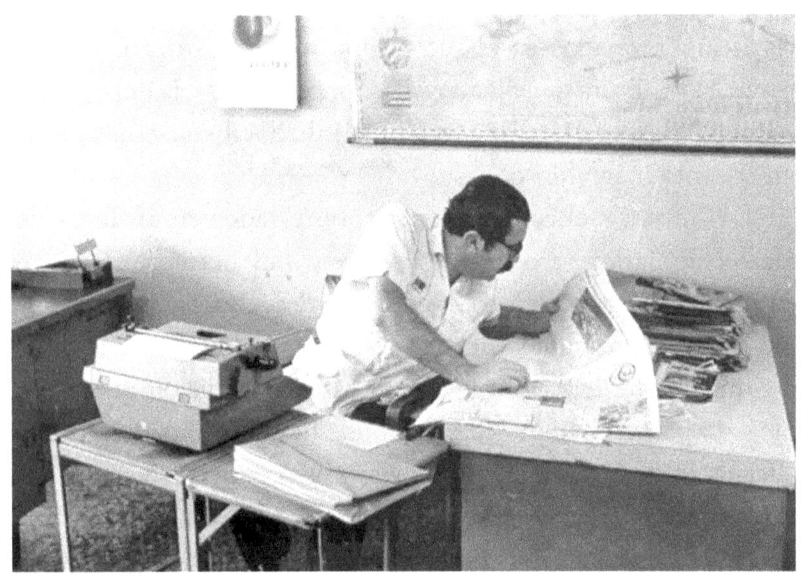

Augusto Olivares

es más importante, ganado en su guerra por la Independencia. Quienes aún hoy no pueden entender cómo el régimen autoritario de Castro no se derrumbó a pesar del poderío y la voluntad permanente del vecino del norte, no han comprendido que el triunfo de los barbudos para el pueblo cubano fue, en primer lugar, la victoria en una guerra nacional de Independencia antes que en una Revolución.

Mi rincón favorito, en ese laberinto de ideas e imaginación que representaba para mí la oficina de mi padrastro, era el propio escritorio. Una mesa de caoba sobre la que descansaba su antigua Underwood negra con letras doradas, cuyo singular ritmo sonoro invadía toda la casa cuando él trabajaba. Ya ni me acuerdo cuántas veces me senté y escribí letras al azar en una hoja blanca, solo para sentir la suave tensión del teclado bajo mis dedos y soñar con la idea delirante de que esas letras estaban volando hacia afuera, a algún lugar indefinido formando palabras y luego frases.

Mi memoria se detiene ahora en la reproducción del *Guernica* de Pablo Picasso que estaba frente al escritorio, es decir, rigurosamente al frente de la mirada de mi padrastro cuando apartaba los ojos de la máquina para pensar o encender un cigarro.

Recuerdo su voz diciéndome el significado de esas imágenes recortadas, abstractas, convulsas del cuadro de Picasso; explicándome el bombardeo del pueblo vasco durante la Guerra Civil española, los cuerpos despedazados, el horror de la guerra y en particular de una guerra civil. Me habló del cubismo y del compromiso de los artistas con las causas justas. Evocó las quinientas mil víctimas de la guerra de España, que fue como la preparación de la que vendría un poco más tarde. Me volvió a explicar que querer cambiar el orden de las cosas siempre es una lucha, que siempre hay que creer en el triunfo de la justicia, pero también prepararse para el fracaso.

La conspiración

El 22 de octubre de 1970 el teléfono de la casa sonó alrededor de las siete de la mañana. La llamada venía del círculo próximo a Salvador Allende y le anunciaban a mi padrastro que el general René Schneider, comandante en jefe del Ejército de Chile, había sido víctima de un atentado en una calle de Santiago. La noticia era alarmante a solo días de la ceremonia de investidura de Allende como nuevo presidente de Chile; el atentado anunciaba claramente la implementación de un plan sedicioso destinado a promover una intervención de los militares para impedir que el presidente electo asumiera el cargo.

Mi padrastro no sabía conducir y tenía que ir de inmediato a la escena del crimen. Se acercó a mi habitación preguntándome si podía llevarlo en el auto de mi madre al lugar del atentado. Apenas amanecía y conduje rápido por las calles desiertas de un Santiago que ya no existe. Me conmovió la seriedad de su silencio. Poco a poco comenzó a pronunciar algunas palabras. Me habló de la CIA y de su probable participación en este ataque. Estaba preocupado y me dijo que el asesinato del general Schneider era gravísimo, que se había declarado la guerra y que sería una guerra a muerte. Me dijo que ahora la extrema derecha, las fuerzas antidemocráticas, la patronal y Estados Unidos, iban a hacer todo para impedir que el gobierno de Allende cumpliera su programa.

Solo recuerdo haberlo dejado cerca de una multitud de policías alrededor de dos autos accidentados. Abrió la puerta del coche y me dijo que volviera con mi madre, que tuviera cuidado y me mantuviera cerca para protegerla.

El golpe se produjo tres años después, pero todo lo que me dijo en ese viaje en auto, que no duró más de veinte minutos, resultó ser absolutamente exacto.

La guerra civil

Pep me cuenta que durante la guerra civil en España se apagó el faro para evitar que los aviones divisaran la zona. Toda la familia estaba desorientada y la preocupación era inmensa. En aquella época no había electricidad en Formentera, el faro seguía funcionando con aceite que los hombres de La Mola subían a lomo de mula por los escarpados acantilados desde el mar.

Me cuesta imaginar hoy la profundidad de la noche sin la luz del faro, en un tiempo en que los campesinos se alumbraban con lámparas rudimentarias alimentadas con aceite de tortuga marina.

Pep me cuenta que las apariencias pueden ser engañosas y que en Formentera la guerra civil fue muy violenta. Joven adolescente en aquella época, Pep recuerda que el terror dominaba la vida de las personas.

—Mataron a mucha gente aquí, especialmente los fascistas mataron a muchos. Por su parte, los republicanos ejecutaron a dos o tres personas, no más. Recuerdo que dieron muerte a un cura, el de la parroquia aquí de La Mola. Lo arrestaron y lo llevaron al pueblo de San Francisco y allí lo balearon. Y en San Fernando también mataron a un excapitán retirado de la policía y luego a otra persona que no recuerdo bien quién era. Bueno, hubo tres fusilamientos, pero después, cuando Franco ganó la guerra fue una verdadera carnicería. Se vengaron sin discriminación. Llevaron a los supuestos comunistas al cementerio de San Fernando y los acribillaron como perros. Si te fijas bien en la puerta principal del cementerio, verás que todavía hay rastros de balas. Luego, los arrojaron a una fosa común y eso fue todo. Mi papá escapó por poco. Aunque no hizo nada violento, hablaba mucho de esas ideas que había escuchado durante su viaje y si los fascistas lo perdonaron fue porque mi abuelo era de derechas.

Entre el 17 y el 19 de julio de 1936 la mayor parte del ejército español se rebeló contra la República, pero una expedición republicana procedente de Barcelona llegó a Formentera y tomó el poder sin oposición el 7 de agosto. Desgraciadamente, en Ibiza las fuerzas monárquicas ganaron rápidamente la batalla e iniciaron una cruenta represión, con más de noventa muertos ametrallados en la prisión del castillo. La noticia llegó velozmente a la isla y entonces se empezó a organizar la huida de los principales líderes republicanos. Hay registro de al menos cuatro pequeñas embarcaciones que lograron salir de allí en condiciones de navegación extremadamente peligrosas.

El 20 de septiembre de 1936 llegaron a Formentera tropas fascistas italianas y comandos paramilitares de la isla de Mallorca. Comenzó entonces la represión nacionalista. Los hombres que se consideraban de izquierda y que no lograron huir fueron procesados, encarcelados y algunos de ellos ejecutados. La mayoría de las víctimas no tenía un compromiso político relevante, lo que prueba que la represión también tomó un giro personal. Hay pruebas de que al menos doce personas fueron ejecutadas. Otros habitantes de Formentera morirían en Ibiza, en Mallorca y también en la Península como consecuencia de la guerra y la represión franquista.

Siguieron años terribles. Con una gran cantidad de hombres muertos, encarcelados o desterrados, el trabajo de la tierra quedó prácticamente paralizado. El hambre acechaba. El contexto bélico también provocó el cese de la extracción de sal, que era la principal fuente de ingreso de las familias. Los años de la guerra y la posguerra fueron sinónimos de miseria y hambre.

—Sabes —me dice Pep—, yo he pasado por todo eso y te puedo decir que no hace falta mucho para que el odio se extienda y todo vuelva a empezar. Todavía hay aquí bastantes hombres que participaron en las masacres y que aún están vivos. Puedes encontrarte con ellos todos los días sin saberlo. Simpáticos viejecitos, abuelitos cariñosos que van a misa todos los domingos. El ser humano no es muy bello de mirar al fondo y siempre hay que permanecer vigilantes, incluso con uno mismo.

Imposible para mí no hacer la conexión con Pinochet, el dictador chileno, para quien el general Franco era el modelo absoluto, y lo afirmaba alto y claro a quien quisiera escucharlo. Efectivamente, en lo esencial tenían los mismos valores: anticomunismo primario, culto a dios, a la familia y a la patria, sumisión al poder del dinero. Pinochet le profesaba una admiración sin límites y las memorias del general español eran su libro de cabecera. En ese sentido, Pcp y yo compartimos los mismos demonios de la historia.

Pienso ahora en un hermoso poema que escribió Rafael Alberti a su regreso a España después de un viaje, poco después del advenimiento de la República. "El clima general ya era horrible —dice el poeta en la segunda parte de sus memorias tituladas *La arboleda perdida*—, el proyecto de reforma agraria que se intentaba poner en marcha fue violentamente reprimido en todos los pueblos del país. Se había prometido tierra a los campesinos y la respuesta de los ricos fue de una violencia inaudita. Entonces escribí un poema que llamé *Al volver y empezar* y que decía:

Vine aquí, volví,
volví aquí en el instante en que unas pobres tierras cambiaban de dueño,
eran tomadas violentamente por aquellos que hacía siglos se partían la vida sobre ellas,
doblados de cintura, salpicados los trigos con su sangre.
Llegué aquí, volví,
volví cuando eran roturadas por bueyes y por mulos arrancados,
cogidos a la fuerza por aquellos que los cuidaron desde niños,
que se identificaron con su mansedumbre hasta llegar a ser bestias de carga, recibiendo a cambio la pólvora y la cárcel de los mismos que
habían puesto en sus ojos el ansia de los campos.

Vine aquí cuando esto,
llegué aquí
cuando esta hermosa sangre sucedía.
Volví aquí para ponerme de su lado,
Para pedir a mis amigos un adarme siquiera de la suya,
De esa poca que anda por la mano y es aún más caliente al cerrarse en la otra.

Llegué aquí, volví
y vi cadáveres sentados
cobardes en las mesas del café y del dinero,
cuerpos podridos en las sillas,
amigos preparados a recibir en balde el
sueldo de la muerte de los otros.
Vine aquí y os escupo.
Otro mundo he ganado."

A España todavía le cuesta hacer las paces consigo misma. Las cicatrices de la tragedia que supuso la guerra civil siguen muy vivas en la sociedad española y existe la sensación de que pueden despertar en cualquier momento.

Casi ochenta años después del final de la guerra, se descubren periódicamente fosas comunes con mártires de ese conflicto sin precedentes entre los habitantes de un mismo pueblo. En cuarenta años de dictadura más cuarenta de democracia, España ha pasado sus muertes bajo silencio, con diferentes gobiernos que han eludido manifestarse frente a la amplitud del horror vivido. Tras la muerte de Franco y el fin de la dictadura, el pacto (el "contrato", deberíamos decir) entre las fuerzas militares y políticas llamadas a gobernar una España nueva, moderna y democrática creó la ilusión de un nuevo comienzo.

Era una quimera. La "movida" cultural, la liberalización de la moral, el cine de Almodóvar y el liberalismo económico de los años ochenta enturbiaron aún más el ambiente en una sociedad que se negaba a mirar la verdad a la cara. Pero ¿era posible olvidar treinta y cinco años de una dictadura feroz y opresora? ¿Era suficiente con barrer la superficie para borrar las casi quinientas mil víctimas? Víctimas cuya sangre se había esparcido como miles de arroyos por la tierra de España. La represión fue profunda y la democracia española no tuvo la inteligencia ni la voluntad política para ahondar en los horrores del pasado con el fin de construir el futuro. En lugar de hablar, comprender, educar, prefirieron esconder la suciedad debajo de la alfombra.

Hoy la cuestión de la independencia de Cataluña es el tema central de la vida política en España. En Formentera, que forma parte del archipiélago de las Islas Baleares, el idioma original es el catalán y por lo tanto el debate sobre la independencia es un tema importante. Sin ánimo de polemizar, solo puedo decir que las dolorosas cicatrices de la guerra civil y la opresión que siguió, así como el mutismo impuesto sobre estos temas por parte del poder central, son fundamentales para entender la voluntad de soberanía catalana.

Todos los años, cuando veo en la televisión a jóvenes y viejos fascistas españoles haciendo el saludo nazi en las celebraciones de la victoria de Franco, en el Valle de los Caídos, se me revuelve el estómago.

No pretendo comparar el método con el que Chile y España abordaron el tema de la reconciliación nacional después de la dictadura. Los tiempos son diferentes, el horror no es comparable y las amalgamas históricas siempre son engañosas. El único punto concordante gira en torno al pacto (el "contrato") realizado entre, por un lado, los dictadores y sus aliados y, por otro, las fuerzas políticas que debían encarnar el advenimiento de una nueva democracia.

En España tenemos la impresión de que la consigna era "no tocar" las secuelas de la guerra, proteger la monarquía y sobre todo no despertar la memoria dormida. "Después veremos", debió ser la proclama.

En Chile, la cuestión de la memoria no fue la prioridad y apenas llegó la democracia, la clase dominante, con un cinismo increíble, se dispuso a redimir sus años de complicidad con el tirano, sacrificando a ciertos militares por los asesinatos y torturas que estos habían cometido para defender sus intereses.

Por otra parte, la piedra angular del pacto político fue la prohibición absoluta de tocar la Constitución que los asesores del dictador habían elaborado a la medida de los intereses de quienes tienen el poder, y aconsejados por economistas formados en la temible escuela monetaria de Chicago, los bien llamados "Chicago Boys". En el caso de Chile, el objetivo era salvaguardar a toda costa el modelo económico hábilmente desarrollado bajo la dictadura y cuyos beneficiarios, siempre los mismos, se enriquecieron como nunca antes en la historia del país. Esencialmente la oligarquía industrial, los terratenientes y los Estados Unidos de América, los mismos que han controlado Chile durante dos siglos y lo han convertido en uno de los países más desiguales del mundo.

Luego de evocar al gran Rafael Alberti y su mirada en el contexto de la guerra civil en España, no puedo resistirme a citar las estrofas sublimes del cantador y poeta chileno Víctor Jara en su canción *Vientos del pueblo:*

De nuevo quieren manchar mi tierra con sangre obrera
los que hablan de libertad y tienen las manos negras,
los que quieren dividir a la madre de sus hijos,
y quieren reconstruir la cruz que arrastrara Cristo.

Quieren ocultar la infamia que legaron desde siglos,
pero el color de asesinos no borrarán de su cara.
Ya fueron miles y miles los que entregaron su sangre,
y en caudales generosos multiplicaron los panes.

Ahora quiero vivir junto a mi hijo y mi hermano
la primavera que todos vamos construyendo a diario.
No me asusta la amenaza, patrones de la miseria,
la estrella de la esperanza continuará siendo nuestra.

Vientos del pueblo me llaman, vientos del pueblo me llevan,
me esparcen el corazón y me avientan la garganta.
Así cantará el poeta mientras el alma me suene,
por los caminos del pueblo, desde ahora y para siempre.

Recordar el trágico destino de este magnífico artista chileno, torturado y asesinado en condiciones abominables por el solo hecho de escribir y cantar para y por los desposeídos de Chile, encuentra un eco doloroso en la muerte similar del gran poeta andaluz Federico García Lorca, fusilado por la sola razón de ser un artista y estar del lado de los humildes. Asesinado junto a la Fuente de las Lágrimas, en tierras de Granada, en la madrugada del 18 de agosto de 1938, su sepultura aún no ha sido encontrada, a pesar de los años.

La Fuente de las Lágrimas sigue llorando por él y tantos otros que cayeron en esa inmensa fosa desde la que se alza, insomne aunque invisible, acompañado por el gorjeo de pájaros, el árbol verde de la libertad.

Estado de sitio

Ayer me encontré, buscando en una gaveta papeles antiguos, esta foto, que se había quedado plegada al interior de un libro durante muchos años. Es una foto de la filmación de *Estado de sitio*, película del cineasta greco-francés Costa-Gavras. En ella aparece a la derecha, haciendo una mueca de dolor, Yves Montand. A la izquierda estoy yo, empuñando una pistola calibre 45; es la escena del secuestro del agente de la CIA, Philippe Michael Santore.

En 1971, poco después de que su cinta *Z* obtuviera varios reconocimientos internacionales, incluyendo dos premios del Festival de Cannes y cinco nominaciones a los Premios Oscar, y recién estrenada *La confesión*, Gavras viaja a Chile con su guionista Franco Solinas en los preparativos para su siguiente trabajo. Se trataba de *Estado de sitio*, película centrada en el movimiento insurreccional que protagonizaban los tupamaros en Uruguay y la feroz guerra que libraban la CIA y los servicios secretos norteamericanos contra ellos, utilizando todos los medios a su alcance: torturas, asesinatos, financiamiento de huelgas y de grupos paramilitares, y todo el abanico de horrores que conocemos. Durante la escritura del guion cinematográfico Gavras y Solinas visitaron varias veces Uruguay, con la intención de hacer allí el rodaje. Pero el país vivía una crisis política extrema de radicalización entre las fuerzas conservadoras y aquel emergente movimiento revolucionario, la tensión política hacía irrespirable la atmósfera y al poco tiempo tuvieron que aceptar que era imposible filmar allí.

Fue así como los realizadores llegaron a Chile, país en el que acababa de asumir el mando Salvador Allende, el primer presidente socialista democráticamente electo, donde Gavras con su productor Jacques Perrin tomaron contacto con las autoridades y estas dieron su consentimiento para que el proyecto se llevara a cabo en territorio chileno.

Lo que es interesante en términos históricos es que una gran parte de los métodos utilizados por la CIA en Uruguay serían implementados en Chile dos años más tarde, lo cual hace que la película de Gavras sea bastante visionaria y pueda verse como una siniestra preparación de lo que vendría más tarde para nuestro país. Como dijo Karl Marx retomando una frase de Hegel: "La historia se repite, la primera vez como una comedia y la segunda vez como una tragedia". En este caso la película de ficción *Estado de sitio* hace las veces de la *comedia*, y el dramático y real golpe de Estado del 11 de septiembre de 1973 es la sangrienta *tragedia* de Chile.

Aquella película fue mi primera experiencia cinematográfica. Las imágenes que filmamos quedaron para siempre grabadas en mi memoria. Hay en esa cinta un aspecto documental, una relación con la realidad que da escalofrío. Como una mirada a través de un caleidoscopio, donde la ficción y la realidad se miran y se confunden. Las imágenes que filmamos incrédulos en aquel momento se convertirían apenas un año después en la terrible realidad del Chile de Pinochet.

Mi trabajo era el de asistente de dirección, de tercer asistente de dirección, pero todo lo que sucedía allí era apasionante para un ignorante en cosas de cine, como yo lo era en ese momento. Pero además la política, el cambio social, la Revolución eran temas importantes en mi vida y en la de muchas personas de mi generación en Chile, y Costa–Gavras era el máximo exponente del cine "comprometido", como lo llamábamos en esos tiempos.

Trabajar en ese entorno, con esos valores, con actores como Yves Montand, Jacques Weber, Renato Salvatori o Jacques Perrin, era un privilegio absoluto. El privilegio fue aún mayor cuando al cabo de unos días Costa me propuso interpretar el rol de uno de los líderes tupamaros que preparan el secuestro de un importante agente de la CIA, interpretado por Yves Montand.

En la Escuela de Artes de la Comunicación de Chile, a la cual acababa de renunciar para trabajar en *Estado de sitio,* había experimentado la actuación en unos talleres de teatro y la verdad es que me gustaba ese desafío.

Hay varias secuencias de la película donde aparezco, pero la escena que recuerdo con más intensidad es la representada en la foto de más arriba. En el operativo organizado por los tupamaros para secuestrar al agente de la CIA, tres automóviles literalmente encerraban el vehículo de Montand sin dejarle opción de escapar. En ese momento yo debía entrar en acción acompañado de una joven guerrillera. Segundos antes de comenzar la filmación de la escena, Costa-Gavras me dijo:

—Abres la puerta de su automóvil muy rápido y le metes el cañón de la pistola entre las costillas, ¡con autoridad! Y lo sacas con fuerza del interior.

Yo me conduje lo mejor que pude, pero Montand de cierta manera me intimidaba, era una estrella de cine y además pesaba tranquilamente treinta kilos más que yo. La operación no era simple para mí. Tres veces se repitió la escena y cada vez el director estaba descontento con el resultado. Yo empezaba a sentirme culpable de la situación. Para el cuarto intento, Costa-Gavras me llamó a su lado y me dijo:

—Emilio, Montand no reacciona bien en la escena. Esta vez entras en su automóvil y le incrustas con todas tus fuerzas el cañón de la pistola en las costillas, con toda tu fuerza, ¿me entiendes? —Yo me quedé mirándolo mudo y asentí.

Durante la cuarta toma, seguí exactamente las indicaciones del director y cuando escuché el grito de ¡corte!, sentí inmediatamente sobre mí la mirada iracunda de Montand, acompañada de un *Fils de pute!*[*] dirigido a mi persona.

A algunos metros de la escena, Costa parecía entusiasta y reía diciendo que la toma estaba perfecta. En ese instante Montand se sacó la camisa del pantalón y le mostró al equipo la marca precisa del cañón de la pistola en su piel. El hematoma era de veras impresionante y el resto del equipo me miraba inquieto. Montand se me acercó y me dijo:

—¡Cabrón! Soy un actor, es mi oficio y no necesitas hacerme daño para que yo reaccione.

En ese momento Costa se acercó a Montand y le explicó la razón de mi gesto violento. Terminaron riendo ambos y se fueron a fumar un cigarrillo.

Yo, por mi parte, casi temblando, había aprendido una de mis primeras lecciones acerca de las posibilidades varietales en la dirección de actores.

* Hijo de puta (fr.).

Pan caliente

Esta mañana vuelve a hacer buen tiempo en La Mola. El sol brilla con una transparencia increíble. Margarita hace pan en el horno viejo; me dijo que fuera a verla y ante ese tipo de propuestas siempre estoy dispuesto. También está Rita, la menor de sus hijas, y su esposo Miguel.

La harina integral proviene de la última cosecha del campo de trigo que Pep comparte con Miguel y Rita. Los panes se alinean en una mesa antes de ir al horno junto a las cocas, una especie de pastel salado con tomates, pimientos y especias que me encanta. La arquitectura del horno de piedra, como la de las cisternas para recoger agua de lluvia, es de origen árabe, me explica Pep.

—Eran muy fuertes y tenían más conocimientos que la gente que vivía en las islas. La gente cree que la influencia de los moros se limitó a Andalucía, pero su influencia llegó claramente hasta estos lados. Teníamos miedo de esos hombres que venían del mar. En ciertos lugares estratégicos se habían construido torres, que eran puestos de observación para vigilar la isla ante posibles invasiones. Mi bisabuelo decía que cuando los vigías anunciaban el peligro, los habitantes de La Mola, sobre todo los viejos, se iban a esconder con las jóvenes en las cuevas de los acantilados.

Desde que llegué a La Mola siempre me han seducido las cisternas y los hornos de pan. Siendo una construcción muy rústica, hay en ellas un equilibrio en las proporciones y una armonía en las formas que destila una experiencia milenaria. No solo son construcciones vitales para la existencia de sus habitantes; también son de una magnífica humildad.

La cisterna de la casa de Pep se construyó antes de que naciera su abuelo, y haciendo un cálculo rápido eso significa que debió ser construida hace más de dos siglos.

Desde entonces, esta cisterna no ha tenido prácticamente ninguna fuga, ni una gota de agua perdida y, sin embargo, en su momento se fabricó con lo que se podía encontrar alrededor, un agujero en la tierra, arcilla mezclada con algas en las paredes y la magia del saber hacer.

Llevo tiempo haciendo muchas fotos de los aljibes de La Mola. Todos son diferentes, y tengo la sensación de que cada autor–constructor quiso dejar su huella en la escultura que dedicó al agua. Sorprende mucho la dimensión angelical de las puertas de acceso a las cisternas, como si fuera la antecámara de un minúsculo santuario abierto hacia el líquido vital que se conserva en el vientre de la tierra.

Pep saca una botella de su vino tinto y asa sobre las brasas trozos de sobrasada, que Rita encierra en pan crujiente. Saboreo este momento. Los gatos se estiran al sol y una pequeña lagartija azul eléctrico asoma la nariz.

More

El molino de La Mola dejó de funcionar a mediados de los sesenta. Cuando hace unos años supe que precisamente este molino había servido de escenario para una memorable secuencia en la película *More,* de Barbet Schroeder, me pareció genial. Primero, porque me gusta mucho esa película, muy acertada en su visión de cierta juventud europea de finales de los sesenta, y segundo porque el director de fotografía, Néstor Almendros, se convertiría unos años después en un maestro y un gran amigo mío.

Joan, el molinero y guardián del molino de La Mola, es un poco más joven que Pep, aunque debe rondar los noventa. Tiene un rostro suave, una voz suave, ojos tristes, como si una nube secular de polvo de trigo hubiera pintado su alma. Vive con su esposa María y su única hija, paralítica desde la infancia tras ser víctima de un accidente en el mar.

—La sacaron del agua inconsciente y dada por muerta. La pequeña logró sobrevivir, pero quedó gravemente discapacitada. El molinero había perdido de vista a la pequeña por un momento, mientras tomaba una cerveza con amigos, y el mar se la tragó. Él corría gritando como un demente de un lado a otro de la playa. Ese drama les destruyó la vida —me contó Pep una vez.

El molino es hermoso y está en perfecto estado. Es una más de esas construcciones humanas que desafían el paso del tiempo por la absoluta coherencia entre su forma y su función. Joan es el último de una estirpe que lleva más de tres siglos moliendo los cereales de las tierras de La Mola. Para Joan, su oficio era mucho más que una profesión y la vivía como un sacerdocio:

—Era duro, pero no conocíamos nada más. Todos los hombres de mi familia habían sido molineros durante generaciones y cuando me tocó a mí, no había nada que decir, no teníamos otra opción, era tan simple como eso. Ganábamos lo suficiente para comer bien, y eso era lo principal. Los únicos que tenían un poco más de dinero eran los que se iban a navegar y trabajar en América, pero los molineros —éramos siete en la isla— no podíamos movernos, teníamos que quedarnos cerca de nuestro molino y mantenerlo funcionando. Más que un trabajo, era un deber, un sacerdocio, algo sagrado.

Al evocar anécdotas del pasado Pep y Joan se ríen con ganas. Los observo desde la distancia. Recuerdan una época no muy lejana cuando los campesinos llegaban frente al molino con su mula cargada de costales de grano. Una época en la que el tiempo no importaba. Esperaban su turno fumando tranquilamente un cigarrillo y luego cada cual subía a lo alto del molino cargando un saco de cincuenta kilos en la espalda, por una empinada e inestable escalera. Había que ser fuerte y valiente y ellos lo eran. Pero a mí, es la alegría que emana de estos hombres lo que siempre me sorprende. Palpita en ellos un gusto intenso por la vida y sus alegrías, una disposición a buscar el bienestar, incluso en los detalles más prosaicos de la existencia. Me parece maravilloso.

Ahora que tengo tiempo por delante, me doy cuenta de que a menudo busco su compañía para sentirme bien, dejar pasar el tiempo escuchando el eco de sus voces y sus risas, tomar conciencia de la sencillez de la naturaleza y de las cosas, afirmar mi determinación de saborear la vida.

La película *More* es la historia de un joven idealista de Alemania que al final de sus estudios universitarios decide viajar al sur de Europa. Quiere ir más allá de todas las fronteras (objetivas y subjetivas) y vivir la vida en el momento presente escapando de una sociedad que considera obsoleta. Su viaje lo llevará primero a Ibiza, que aún no era la patética guarida del *jet set* en la que se ha convertido, sino un lugar mágico donde se reunían artistas y marginados de todo el mundo, dispuestos a intentar

vivir en un mundo diferente y con códigos distintos a los de las sociedades de donde procedían.

Al abordar en su película el movimiento hippie de 1968–1969, Schroeder mostraba un vanguardismo bastante excepcional, porque este movimiento en Francia, por ejemplo, estaba aún en pañales. Además, la forma abierta y desinhibida de mostrar en la película la libertad sexual y el consumo de drogas le valió serios problemas con la censura de la época.

Personalmente, descubrí la película mucho tiempo después de su estreno, pero recuerdo que en Chile me habían regalado el vinilo LP de la banda sonora del filme, interpretada por Pink Floyd, que me había encantado y aún hoy sigue siendo mi disco preferido de la mítica banda de rock inglesa. Me impactó la imagen psicodélica de un molino iridiscente en medio de un paisaje de granito y sol, donde un joven casi desnudo se aferraba a las aspas de un molino, como un moderno caballero de la triste figura.

El rechazo a la guerra de Vietnam, el final del Verano del Amor californiano y el reflujo del Mayo del 68 en Francia, provocaron una auténtica diáspora juvenil en el mundo occidental. Las apacibles islas de Ibiza y Formentera, así como el lejano Nepal, se convirtieron en santuarios, los últimos refugios donde era posible satisfacer los deseos de paz y libertad y disfrutar de la vida en armonía con la naturaleza. Los primeros hippies llegaron alrededor de 1967 y poco después lo hicieron las primeras dosis de LSD *(Lucy in the Sky with Diamonds)*.

El gobierno de Franco, a través del gobernador civil de Ibiza, manifestaba ya en aquel momento su preocupación por la llegada de estos "anarquistas y barbudos de aspecto espantoso y conducta antisocial. Se recomienda enfáticamente identificarlos y luego proceder a su expulsión del territorio nacional".

Sin embargo, estos barbudos de aspecto horrible aportaron culturalmente muchas cosas a los nativos. No debemos olvidar que bajo la dictadura de Franco los españoles no tenían derecho a voto ni derecho a divorciarse, y para los habitantes de las Islas Baleares existía la prohibición absoluta de practicar su propio idioma, so pena de muerte.

Para Pep, el balance de la presencia de hippies en la isla desde finales de los sesenta ha sido indiscutiblemente positivo:

—Primero nos alquilaban habitaciones y a veces incluso casas. Y en aquel momento esas entradas de dinero eran importantes para nosotros. Vivían entre ellos, hacían el amor libre, también se drogaban, pero no nos molestaban. Nos compraban queso, pan, higos y fueron siempre muy amables. En el lugar donde tengo mi barca, a veces los veía bañándose desnudos en el mar, hombres, mujeres y niños, todos juntos. ¡Nos quedábamos boquiabiertos! En esos tiempos, fines de la década de 1960, nuestras mujeres estaban cubiertas de pies a cabeza, al igual que las mujeres musulmanas de hoy; a ninguna mujer de Formentera se le permitía bañarse en el mar, como mucho podía mojarse los pies en los días de calor. Así que ver a estos hippies completamente desnudos ¡era algo increíble! Te confieso que a veces iba a mirar a las chicas, me escondía detrás de las rocas. ¡Eran tan bonitas! Nunca habíamos visto mujeres así. En una época en la que no conocíamos nada más que a nosotros mismos, y cuando el mero hecho de bajar de La Mola al pueblo de Sant Francesc era una aventura, esta gente traía algo más, una diferencia. Creo que en general su forma de vida nos ha hecho más abiertos, más tolerantes.

Sol de invierno

Mediados de enero. Una vez más, un día sublime. El sol es de una suavidad única y el azul del cielo sutil como una acuarela, desteñido y luminoso al mismo tiempo. Las nubes, finísimas y esbeltas, se mueven en el cielo formando un decorado por donde giran livianas las gaviotas que anidan en los acantilados.

Tengo la impresión de que podría quedarme horas sin moverme de mi silla para ver y escuchar estas imágenes y sonidos desconcertantes de simplicidad. Hay detrás de esta pintura refinada un misterio ligado a la belleza y a lo efímero de su duración. Trato de penetrar la belleza del momento, pero ya el viento se levanta, la humedad cae y el sol, de repente, ya no tiene fuerzas para entibiar e iluminar el escenario del mundo.

Yucca la perra y Tigrú el gato comienzan a dar vueltas a mi alrededor. Hora de encender el fuego y empezar a preparar nuestras comidas.

Al día siguiente Tigrú empezó a maullar muy temprano. En el sopor de un despertar difícil pensé que el gato tenía hambre y que me pedía su comida. Para nada. Como de costumbre, había cazado una linda lagartija y quería enseñármela con orgullo. Lo eché de mi habitación enérgicamente y se sintió ofendido por mi indiferencia. La presa se quedó al pie de mi cama, inerte y luminosa en su vestido abigarrado. La miré durante mucho tiempo.

Viejos recuerdos vinieron a excitar mi memoria.

Hemingway

En 1977 fui asistente de un largometraje rodado en Cuba. Una coproducción franco–mexicano-cubana inspirada en la novela *El recurso del método* de Alejo Carpentier.

Un fin de semana fui a visitar la casa de Hemingway en San Francisco de Paula. Recuerdo que en esa época apenas había turistas en Cuba. Deambulé solo por la hermosa casa, mirando los estantes llenos de libros, los trofeos de caza en las paredes, la ropa del escritor en un armario, su increíble colección de zapatos y botas de tamaño increíble. Imperceptiblemente, en un estante ordinario, un objeto me llamó la atención: un lagarto guardado en un frasco con formol. El único guardián del museo era un señor anciano, vecino del pueblo que había conocido bien al escritor cuando vivía aquí. Al ver mi interés por este curioso lagarto, me explicó que un día, uno de los gatos de Hemingway atrapó al lagarto en el jardín clavándole los dientes en el cuello. A pesar de su posición inferior, el lagarto resistió valientemente. Al escuchar el ruido, Hemingway salió y solo vio el final de la pelca. Separó al gato de su presa y llevó al lagarto herido al baño, y lo cuidó y alimentó durante una semana. Pero a pesar de los cuidados del escritor, el lagarto murió.

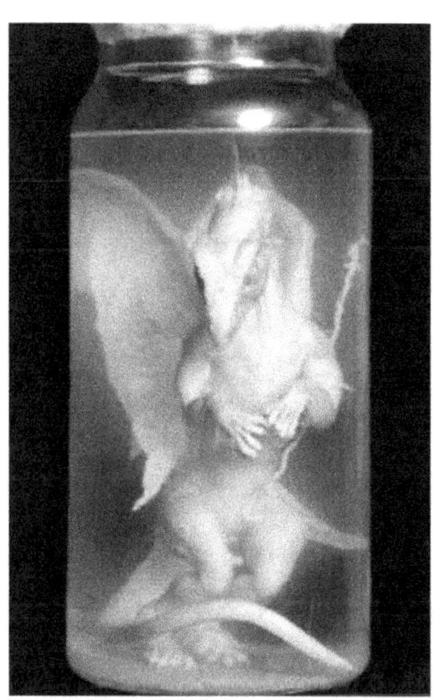

En este frasco de formol, en esta mínima anécdota, me pareció encontrar una síntesis de la vida del gran escritor, y también de su obra literaria.

Real de Catorce, una noche alucinante

Ese mismo año 1977, algunos meses antes del episodio del lagarto y recién egresado del IDHEC (Instituto de Altos Estudios de Cinematografía, Francia), Michelle Ray, la esposa de Costa–Gavras, me propuso trabajar con ella en un gran proyecto cinematográfico. Era su primera experiencia como productora y el proyecto era efectivamente gigante. Su bautizo laboral sería la adaptación de la novela *El recurso del método* del gran escritor franco–cubano Alejo Carpentier. El director sería Miguel Littin, cineasta chileno exiliado en México.

Se trataba de una coproducción entre Francia, México y Cuba. Un presupuesto sostenido por los tres Estados dado el coste faraónico de un rodaje de casi seis meses de duración y con equipos numerosos en cada país, sin olvidar que se trataba de una película situada a medios del siglo XIX, lo que en términos de decorado, vestuario, maquillaje, accesorios y otros hacía subir el coste del filme de manera considerable.

El recurso del método narra la historia de un arquetípico dictador de un país latinoamericano imaginario. El personaje creado por Carpentier es en realidad un montaje de elementos que caracterizaron a numerosas dictaduras latinoamericanas del pasado y del presente, tan bien encarnadas en el personaje central del filme que todo buen conocedor de nuestra historia podría señalar su procedencia.

En aquella época yo no tenía pasaporte pues el gobierno de Chile me impedía, como a muchos compatriotas, regresar a mi país. Era una situación muy limitante no poder salir de Francia sin documentación, y en mi oficio viajar es indispensable. La

Real de Catorce, San Luis de Potosí, México

sola idea de no poder trabajar en esa película por no tener pasaporte me producía una angustia enorme. Llevaba varios años sin viajar y esta posibilidad de recorrer América Latina haciendo mi oficio y ganándome la vida me ilusionaba sobremanera. Por fortuna pude conseguir un documento llamado Título de Viaje otorgado por un organismo francés de siglas OFPRA (Oficina Francesa Para Refugiados y Apátridas) y así, como un apátrida feliz, tomé el avión que me conduciría a México DF. Mi entusiasmo era indescriptible.

Michelle, la productora, me encargó que llevara en mi equipaje una serie de armas de utilería que servirían en la película. Se trataba de dos modelos de armas de mano antiguas, que no se encontraban en México. Debo señalar que son armas auténticas que en nada se diferencian del original, pero que para ser utilizadas en cine no tienen la facultad de disparar. Yo las acomodé en mi maleta sin preocupación alguna, y en el avión después de cenar y tomarme uno o dos whiskys me dormí hasta llegar al DF fresco y alegre como una tuna.

En la aduana, los policías mexicanos empezaron por controlar mi famoso Título de Viaje, sin entender bien qué era ese documento exótico que nunca antes habían visto. Yo trataba de explicarles la naturaleza de aquel documento, que yo era chileno pero exiliado en Francia. Si era chileno por qué no tenía pasaporte de Chile, me decían. Y si era francés, lo mismo. Empezaron entonces interminables idas y venidas de policías, hasta que al cabo de una hora me hicieron entrar en una pieza y allí, como empezaban a tener algunas sospechas sobre mi persona, me pidieron que abriera mi maleta.

La preciosa pistola enchapada en plata y con incrustaciones de concha y perla y el revólver de histórica procedencia que serían las armas personales del dictador, el personaje central de la película, aparecieron ante los ojos incrédulos de los policías. Ahí yo me dije que mi bella aventura cinematográfica terminaría en una sórdida celda de la capital de México. Tartamudeando les explicaba que eran armas ficticias para una película y que yo solo las transportaba para entregarlas a la producción del film.

En aquella época no había celulares y yo no tenía ninguna experiencia de cómo resolver este tipo de problemas. Los policías, viendo mi nerviosismo, empezaron a jugar conmigo, a pedirme dinero y a darme a entender que estaba metido en un lío de proporciones; entre ellos se hacían guiños, empuñaban las armas, las acariciaban con deleite y jugaban a dispararme, riendo:

—Esto es una película también, mano. No tengas miedo.

—¿Y tú no crees que yo pueda ser actor en esta película?

—Danos unos pesos para unas cervezas, cuate. No seas malito…

Debo confesar que pasé unos momentos bien pero bien asustado. Felizmente Michelle Gavras le había avisado al productor local la llegada de mi vuelo y al cabo de casi dos horas y sabiendo que mi nombre estaba inscrito en la lista de pasajeros, lograron llegar hasta el lugar donde yo estaba encerrado y todo terminó por aclararse.

Ese día entendí aquello que los mexicanos llaman "la mordida", expresión que se utiliza para designar un soborno que se le debe pagar a la policía si has cometido una infracción y quieres que te dejen en paz. Esa experiencia me serviría algunos años más tarde durante otro rodaje en México.

El rodaje de aquella película fue espectacular, yo nunca había visto y nunca más en mi vida profesional vi una producción de tales dimensiones. Cada desplazamiento de los equipos de rodaje desde una locación a otra por la inmensa geografía mexicana implicaba una organización increíble. Caravanas de camiones de proporciones nunca imaginadas recorriendo ciudades y pueblos, camiones de cámara, camiones eléctricos cargados con proyectores gigantes, camiones con grúas de diversos tamaños, grupos electrógenos, autobuses con actores y figuración, elementos para construir decorados y efectos especiales, cocineros y sus implementos. Sin exagerar, cada traslado ocupaba kilómetros de las rutas que la caravana recorría. Observar ese conglomerado humano en plena actividad fue para mí algo fantástico. Yo había leído muchas historias sobre las superproducciones estadounidenses, pero ver todo aquello en la realidad era simplemente fascinante.

A veces, en las noches de filmación, toda esa comunidad trabajando —cada cual en su oficio y todos viviendo en armonía— me hacía pensar en esas imágenes de los trenes durante la Revolución mexicana, donde las mujeres cocinaban en los techos de los carros, los hombres preparaban sus fusiles, otros dormían y algunos cantaban rancheras. A pesar de la vida dura de las gentes modestas, los mexicanos son personas alegres y muy generosas, y desde esa época tengo un afecto especial por ese pueblo cuya historia y cultura son admirables.

El equipo de cámara, con el cual yo trabajaba y compartía la vida cotidiana, estaba compuesto por técnicos de mucha experiencia. El operador de cámara era Primo, un hombre de estatura baja y corpulento, camarógrafo avezado. El hombre trabajaba en casi todas las grandes producciones norteamericanas que se filmaban en México y su gran amigo era el director y guionista de cine Sam Peckinpah, con quien compartía un rancho y operaba la cámara en todas las películas que el cineasta filmaba en México. Todos los días, entre un plano y otro, Primo me llamaba para que me acercara discretamente al camión de cámara y allí, entre medio de las cajas de lentes, filtros y otros accesorios, sacaba "su" botella de mezcal, una lima cortada en dos partes, un poco de sal en la mano y ¡salud! Dos o tres veces al día la ceremonia del mezcal nos reunía a los del equipo de cámara. Desde esa época soy un gran aficionado al mezcal y también al buen tequila.

Alguna vez le pregunté al operador de cámara por qué Peckinpah y también otros cineastas gringos venían tanto a filmar a México. La respuesta no me la había imaginado.

—Primero razones económicas, obviamente —me dijo Primo—, pero también aquí los gringos hacen lo que quieren: matar animales, disparar con balas reales sobre un caballo al galope, hacer correr riesgos físicos a los figurantes, cosa que en otro país sería imposible. Durante el rodaje del filme *Los vikingos* de Richard Fleischer —agregó—, hubo un enorme accidente en el cual fallecieron ¡más de diez figurantes! Nunca nadie supo nada de eso. La impunidad una vez más y siempre. Como dice el refrán mexicano, "con dinero baila el perro". Lamentable.

Pero, el recuerdo más alucinante de esa experiencia cinematográfica fue en un pueblito olvidado en el norte de México, Real de Catorce, un pueblo fantasma perdido en la sierra.

La búsqueda y la explotación minera en esa región alcanzó su auge a principios de la década de 1800, aunque siguió operando hasta bien entrado el siglo XX. Como siempre, un día todo se acabó y poco a poco los mineros emigraron y el pueblo quedó abandonado.

Hoy es un pueblo fantasmagórico, donde solo se ven muros de piedra, casas polvorosas, naturaleza salvaje y el implacable paso del tiempo.

Desde la primera vez que lo vimos, el director de fotografía Ricardo Aronovich, el primer asistente Daniel Leterrier y yo, aquel lugar nos produjo una profunda, misteriosa y también atractiva impresión. Un viento frío corría por las calles solitarias y pedregosas, un viento que se filtraba por los rincones, las tejas y los muros agrietados produciendo silbidos incesantes. Literalmente no había nadie y, sin embargo, el pueblo daba la impresión de haber sido abandonado hacía solo unas horas por sus habitantes. De las ventanas de las casas de adobe, de una gracia infinita, salían como tentáculos vegetales las ramas poderosas y temibles de cactus gigantes.

El pueblo había sido abandonado hacía un siglo pero una misteriosa presencia humana —como un eco de pasos centenarios— recorría las piedras lustrosas de aquel lugar. Toda la obra de Juan Rulfo se podría entender con solo pasear por esas calles inclinadas. Me parecía estar viviendo en Comala, el pueblo imaginario donde Rulfo situó la historia de Pedro Páramo y que a los latinoamericanos nos marcó tanto en nuestra adolescencia. La mágica sensación de que las almas muertas siguen recorriendo las calles, viviendo a nuestro alrededor. Bastaría con empujar una puerta para sentarse a compartir un plato de frijoles con una familia de mineros del siglo XVIII y conversar naturalmente con el pasado y revivir escenas de un mundo perdido en la escala del tiempo. Son raros los lugares del mundo donde la imaginación se expande sin límites, como lo hizo en ese momento y en ese lugar.

De pronto, al doblar por una calle apareció una iglesia muy hermosa, casi irreal en medio de esa desolación, una iglesia colonial de una belleza intacta. Construida ciertamente durante el auge de Real de Catorce, el edificio había sido preservado intacto gracias a las donaciones de fieles de la región para ese fin.

Una mujer de mediana edad y ojos brillantes barría la explanada frente a la iglesia y miraba con una mezcla de curiosidad y temor a los tres extranjeros que se acercaban. Mirta era la cocinera, lavandera, mucama y quién sabe cuántas cosas más del cura de la iglesia. Vivían ahí los dos solos y don Fernando, el sacerdote, oficiaba únicamente los domingos al mediodía una misa a la cual llegaban religiosamente desde las colinas aledañas una quincena de campesinos, mujeres y hombres que ni el propio cura sabía de dónde venían.

Las siluetas sombrías y desgarbadas de los fieles aparecían como espectros por las colinas circundantes y se instalaban en silencio una o dos horas antes de la misa en los alrededores de la iglesia. Cuando la campana tañía doce veces llamando a la misa, los feligreses penetraban en la nave, con el sombrero en las manos, el cuello sometido y la mirada en el piso, respetando todo el ritual milenario de la religión católica.

El párroco nos dijo alguna vez, maravillado, que para él era un misterio la disciplina y el rigor en la fe de ese grupo de montañeses.

Durante tres domingos pude ver la ceremonia y las tres veces tuve la exacta sensación de estar viviendo un sueño: el crepitar de las campanas en el valle era irreal, un eco que se repetía como olas hacia un improbable infinito. ¿En qué lugar preciso de la tierra terminaba por apagarse el tañido de esas campanas?, me peguntaba. ¿Hasta qué rumbos, destinos o parajes llegaría esa misteriosa melodía?

El primer día de visita, el cura nos ofreció entrar en la casa parroquial donde vivía en compañía de Mirta, y descubrimos allí un lugar muy armonioso, muy limpio y con un precioso jardín con flores y árboles frutales. Don Fernando amaba la naturaleza y dedicaba todo su tiempo a desarrollar sus dotes de botanista trayendo plantas de diferentes regiones de México, y había logrado plasmar en esa tierra árida un verdadero oasis donde colores y olores se imbricaban creando una atmósfera de absoluta seducción para el visitante.

Alrededor del jardín había una serie de habitaciones, más bien células monacales, donde en alguna época vivieron otros eclesiásticos y que hoy don Fernando ofrecía a algún viajero perdido entre esas montañas. Visitamos las habitaciones, que aunque exiguas y rudimentarias estaban muy limpias y nos parecieron acogedoras. Mirta podía además hacernos algunos platos simples de comida y un buen desayuno por las mañanas, si eso nos apetecía. Sin dudarlo, decidimos quedarnos a vivir en ese lugar durante las dos semanas de rodaje previstas para Real de Catorce.

El resto del equipo, sobre todo los mexicanos, prefería pernoctar en el hotel de la ciudad más cercana, a más de una hora de viaje. Nosotros nos ahorrábamos esa hora y al mismo tiempo evitábamos el siniestro túnel de más de un kilómetro que era menester atravesar para llegar al pueblo fantasma.

Poco a poco nos fuimos acostumbrando a la vida y soledades de aquel lugar. Cada mañana al amanecer la gigantesca caravana cinematográfica descrita anteriormente, llegaba ruidosa y polvorienta a instalarse en el pueblo para preparar las escenas que se filmarían en el día. Al atardecer la agitación se disolvía progresivamente y el pueblo recobraba su silencio original y nosotros regresábamos caminando a nuestros aposentos monacales.

La verdad es que fueron momentos muy agradables, de intensa tranquilidad, en los cuales el tiempo se estructuraba bajo la forma de un ritmo singular, entre exceso de lentitud y velocidad vertiginosa.

Para la cena cotidiana Mirta nos preparaba unos platos muy simples, esencialmente a base de arroz acompañado de verduras, huevos o carne de pollo, y para beber solo agua. El pan de cada día era maravilloso y al final, para darle un toque de alegría a la cena, Mirta hacía también algún postre a base de leche, azúcar y caramelo, que apreciábamos como lo merecía.

El contacto cotidiano con el cura nos hizo descubrir a un hombre afable y culto, y sus conversaciones eran muy entretenidas. En la habitación contigua al comedor tenía una biblioteca bastante respetable, fundamentalmente de literatura latinoamericana, pero también de clásicos universales. Sus gustos eran eclécticos: Borges, Gógol, Tolstói, Pérez Galdós y Flaubert eran sus escritores preferidos, y en ese lugar leí por primera vez *El libro de arena* del maestro argentino.

Una noche, sabiendo que éramos gente de cine y que veníamos de Francia, don Fernando nos contó la historia de un francés que había venido en varias ocasiones a instalarse en ese lugar. Ocupaba una de las células, como las nuestras, y se quedaba allí solo y por períodos bastante largos. Entendía bastante bien el castellano, pero era una persona muy silenciosa; dormía hasta tarde, leía y escribía en un cuaderno cientos de páginas. El cura lo veía alejarse del pueblo y desaparecer en la sierra por largas horas, y regresar al atardecer a la iglesia sin decir una palabra, pero siempre con una sonrisa cordial en el rostro. En la sierra, el francés había encontrado a algún campesino que le procuraba una variedad de cactus que crece en esa región y que los lugareños llaman San Pedro, también conocido con el nombre de peyotl o peyote. Este cactus posee un alcaloide, la mescalina, que produce alucinaciones y exultación en el sistema nervioso.

El francés tenía experiencia en el consumo de alcaloides y controlaba perfectamente sus efectos, según nos comentaba el cura. Más de alguna vez, y a pesar de la parquedad del individuo, los dos hombres conversaron en torno al tema y según el cura, el francés venía aquí a realizar una verdadera sanación psicológica que sin duda le era muy benéfica, pues se le veía siempre muy tranquilo y también trabajando de manera creativa. Don Fernando recordó que conservaba una tarjeta que aquel visitante original le había dejado en alguno de sus viajes; se levantó y abrió un cajón de un antiguo mueble colonial del cual sacó y nos mostró la tarjeta. Al mirarla quedamos estupefactos, el francés misterioso era nada menos que el gran director de cine Louis Malle.

—¿Lo conocen? —nos preguntó el sacerdote, sorprendido.

—¡Por supuesto! —respondimos los tres a coro—, es un inmenso director de cine francés.

Evidentemente el cura ni siquiera sospechaba que aquel inquilino de su parroquia era una persona tan conocida. Cada uno de nosotros comentaba con entusiasmo sus películas preferidas de entre la rica filmografía de Malle, y el cura nos miraba complacido de habernos sorprendido de tal manera con su personaje misterioso.

¿Cómo Louis Malle había llegado a Real de Catorce? Don Fernando no supo darnos una respuesta. Se acordaba solamente que un día de invierno un taxi lo dejó en la puerta de la iglesia.

—Pero —insistió—, por si ustedes no lo saben, el peyotl es también una espiritualidad, algo respetable y profundo. Los navajos, los apaches, los comanches, los indígenas de Norteamérica lo utilizan para comunicarse con sus divinidades, y eso desde hace siglos. En esta región, la comunidad indígena huichol utiliza el peyotl para sus ritos religiosos y muchos de ellos vienen a la iglesia también, y yo los recibo porque son gente pura —nos contaba el cura.

—Aquí en mi biblioteca tengo un libro que aquel francés me dejó de regalo en uno de sus viajes, *Las puertas de la percepción* se llama y es un libro maravilloso sobre la experiencia de la creación. Ustedes que conocen a este señor deberían leerlo —nos dijo con una generosa sonrisa.

Después de esta sabrosa sobremesa, Louis Malle, a quien yo apreciaba mucho, me pareció aún más interesante que antes de conocer esta revelación.

Esa noche, antes de que me fuera a mi habitación, Mirta se acercó discretamente y me dijo en voz baja que si me interesaba, ella conocía a un campesino que podía traerme ese cactus que era tan apreciado por los extranjeros. "Solo si le interesa", insistió con cautela.

La verdad es que toda esta historia había despertado mi curiosidad y además tenía el recuerdo de haber leído más de una vez que la mescalina era la droga preferida por los poetas de la *beat generation*, y entonces casi sin reflexionar le dije que me interesaba su propuesta.

Dos días más tarde Mirta me traía varios trozos del preciado cactus envueltos en un viejo papel de periódico.

—El señor que los trajo le sacó las púas y los peló un poquito para que no se haga daño, se los puede masticar así solitos, y me dijo que cuando vaya a consumirlo evite comer unas ocho horas antes —me explicó Mirta.

Hicimos la transacción por una módica suma y yo los guardé en el velador de mi habitación con la idea de vivir mi experiencia psicodélica el fin de semana siguiente, ya que el domingo era día libre. Aquel sábado y lo que sucedió quedó grabado para siempre en mi memoria.

Después de terminar el rodaje alrededor del mediodía decidí no comer nada y solo tomar agua. Me fui a dormir una siesta pues nos habíamos levantado muy temprano aquel día; al despertar me sentí en gran forma y decidí que era el momento adecuado para comenzar mi experiencia. Abrí el cajón de mi velador, saqué los cactus del envoltorio y me puse a contemplarlos detenidamente, una flor pequeña y de color fucsia decoraba delicadamente el peyotl y unas gotas de un líquido espeso corrían lentas por el tallo.

En la página del diario que los envolvía, me detuve a mirar unas fotos en blanco y negro de pésima calidad que narraban un homicidio particularmente escabroso. Tiré el papel al suelo y me puse a masticar lentamente los cactus. De un gusto agrio y de materia esponjosa, se volvió súbitamente muy amargo en la boca y tuve que hacer un gran esfuerzo para engullir todos los pedazos de la planta. No sé cuánto tiempo después y luego de un feroz combate con mis intestinos, comencé a sentir una suerte de euforia acompañada por un gran cansancio. Me acosté en la cama y poco a poco empecé a sentir que mis manos vibraban independientes de mi voluntad. Al abrir los ojos, podía verlas como en una radiografía a colores; veía el flujo de la sangre por las venas, las falanges, la estructura ósea y sobre todo las vibraciones visuales de las terminaciones nerviosas. Era increíble poder observar el interior de mi organismo y lo mismo sucedió con los miembros inferiores; mi corazón batía con fuerza y el flujo sanguíneo atravesaba mi tórax, irrigaba las piernas y se esparramaba al interior de mis pies y yo podía observar todo ese proceso como si tuviera visión de rayos X. El crepitar de la sangre bombardeando el organismo me hacía vibrar intensamente. Concentrado en esta fascinante percepción, me percaté de repente de que un nuevo elemento aparecía en el espacio, una sutil armonía de una flauta que se introducía en mi habitación. Yo tenía la certeza de que en ese lugar no podía surgir ninguna música puesto que ni el cura ni Mirta ni mis amigos tenían radio, *cassette* ni nada que se le pareciera. La flauta se oía cada vez más cerca y me levanté discretamente y salí al patio iluminado por las estrellas, iluminado a tal punto que mi visión podía abarcar la inmensidad de la noche, como si mis ojos pudieran ver en infrarrojo. El campanario de la iglesia vibraba con luces de colores y era evidente que la música provenía de allí.

Como en un encantamiento, seguí el camino trazado por la flauta, una suerte de perfume musical que me guiaba hacia la fuente desde donde surgía la magia de aquel sonido. La música que emanaba de la flauta tenía forma y se materializaba en una cinta fosforescente que me indicaba el camino a seguir. Sin hacer ruido caminé incansable sobre piedras angulosas que le hacían daño a mis pies descalzos y empecé a subir las escaleras que conducen al campanario, escaleras de madera viejas y rugosas que me parecía estar subiendo desde hace una eternidad, y mi corazón amenazaba con estallar a cada paso. El suelo estaba cubierto de insectos que nunca antes había visto y los iba reventando con mis pies a medida que subía, veía mis pies sangrando, pero mi única voluntad era llegar al campanario.

Al cabo de un tiempo indefinible, la cinta luminosa que me guiaba se apagó y la música también. Transpirando y sin aliento me acerqué como pude al campanario, y desde la altura pude ver el pueblo abandonado sin vislumbrar ningún signo de vida. Me aferré como pude a la baranda del balcón y ahí me desplomé y quedé de espaldas mirando las estrellas, y poco a poco tuve la maravillosa sensación de abandonar mi cuerpo agotado y adolorido, tirado ahí en el balcón del campanario, y comenzar a flotar por entre las torres de la iglesia, las yucas majestuosas que ornaban el jardín y las calles sinuosas y polvorientas de Real de Catorce.

Don Fernando me encontró en la madrugada sentado en las escaleras del campanario, temblando de frío y probablemente con una expresión inquietante. Sin decir una palabra me ayudó a levantarme con dificultad y me llevó hasta la cocina donde él y Mirta me cubrieron con una frazada. En el más absoluto silencio me tomé un café caliente y me comí unos huevos que me parecieron divinos.

Mirta me condujo a mi habitación donde me senté en mi cama y comencé a mirar mis pies sucios y adoloridos, testigos reales de la noche agitada que había vivido. La mujer se quedó un rato observándome complaciente y antes de salir, con una sonrisa me dijo:

—A mí también me encanta escuchar algunas noches la música de la flauta, la de anoche fue preciosa, ¿no le parece? —Me quedé mirándola fijamente y no pude responder.

A pesar de los años que han pasado y de lo violento de aquella experiencia sensorial, la melodía de esa flauta está muy anclada en mi memoria como sinónimo de felicidad.

Charlie

Mirando la televisión esta mañana descubro incrédulo las terribles noticias sobre el ataque al semanario *Charlie Hebdo* en París. Llaman la atención las imágenes de los asesinos, filmadas segundos después de perpetrar el terrible atentado contra la redacción del periódico satírico francés. Caminan tranquilos y decididos por la calle; gritan en perfecto francés a los transeúntes, a los fieles, a los infieles, a Dios, a quien quiera escuchar, que han vengado al profeta, que han matado a Charlie Hebdo. Con la misma resolución, se acercan a un policía herido en el suelo y lo matan a sangre fría. Estas imágenes son terribles, de una violencia extraña, excesiva, que nos incomoda. Dos jóvenes hermanos nacidos en Francia, educados bajo la égida de la República y nutridos por sus valores, caen repentinamente en el horror y la inhumanidad. Dicen que quieren vengar al profeta, pero podemos adivinar al observar su periplo mortal que es de Francia de quien quieren vengarse. De la patria que los olvidó, que no cumplió sus promesas y que los ha dejado en el camino. De la patria que no los amó lo suficiente para creer en ella y tener esperanza en el futuro. Del país que tampoco respetó a sus padres, venidos de las antiguas colonias de África en los años sesenta para trabajar en la expansión industrial de Francia y que a cambio recibieron desprecio. Por eso me interpela el trágico destino de estos muchachos perdidos y las terribles consecuencias de sus acciones. Se trata de una tragedia, en el sentido clásico de la palabra, y como en toda tragedia, hay atada en el seno del drama una lección histórica cuyos resortes debemos comprender para extraer las conclusiones correctas, a riesgo de verla repetirse hasta el infinito.

CHARLIE HEBDO
TOUT EST PARDONNÉ
JE SUIS CHARLIE

Los periodistas y especialistas de todo tipo que se suceden en la radio y la televisión, e incluso los políticos de todos lados, parecen impotentes ante la tragedia, y no logran comprender por qué los jóvenes "de los barrios" han rechazado la integración y se han convertido en enemigos de la República. Me pregunto si esos comentaristas se han cuestionado seriamente sobre las frustraciones acumuladas durante generaciones, sobre las humillaciones cotidianas, sobre el desempleo y el abandono de las urbanizaciones periféricas, sobre la familia destrozada, sobre la cárcel. ¿De verdad creían que bastaba con pintar las fachadas de los edificios, tener acceso a la educación gratuita y el derecho al salario mínimo para integrar y convertir a estos miles de jóvenes desorientados en buenos ciudadanos franceses? ¿Alguien ha pensado en las desastrosas consecuencias de los bombardeos de nuestro ejército sobre otros musulmanes alrededor del mundo? ¿O en los efectos de la, por decir lo menos, ambigua posición de Francia en el conflicto palestino–israelí? ¿Estaremos buscando una verdadera guerra santa entre Occidente y el Islam?

Por eso no suscribo incondicionalmente y sobre todo desconfío de esta especie de santificación de la unidad nacional que siguió a estos crímenes abyectos. Una puesta en escena demasiado excesiva, grandilocuente y lacrimosa para creerla. Un espectáculo destinado a complacer a la mayoría y que me parece demasiado simplista. El presidente de turno, al borde del abismo unas semanas antes, asciende como flecha en las encuestas después del drama, al igual que sus ministros.

Súbitamente se transforma en jefe de Guerra y todo el país le rinde homenaje. El gobierno moviliza soldados, aviones, tanques, prometiendo una guerra total contra el terrorismo y cantamos la *Marsellesa* a la menor ocasión para mostrar nuestra unidad y determinación. Los televisores están llenos de expertos en seguridad, expertos en terrorismo, salidos de quién sabe dónde y que entregan sus análisis con una prepotencia desconcertante. El discurso general está monopolizado por lo políticamente aceptable y los ciudadanos franceses, paralizados por la emoción, corren como un rebaño perdido para comprar el último número de *Charlie,* convertido por arte de magia en el fetiche de nuestras ansiedades colectivas.

Ni una sola voz discordante, ni una sola mirada diferente en estos días posteriores a la tragedia. Siento que no reconozco Francia. Por fortuna, en la tarde leo en *L'Humanité* un breve texto de la escritora Lydie Salvayre, nuestra última Premio Goncourt, que me reconforta un poco.

> Lo siento, pero no puedo compartir los grandes sentimientos del momento, ni la feliz ilusión de que las cosas, a partir de ahora, no volverán a ser como antes. Es mi experiencia como psiquiatra infantil en un dispensario suburbano lo que me lleva a escribir, no sin desgana, lo que sigue: en los años 2008–2009, algunos de los niños a los que seguía empezaron a decir, ingenuamente y como una cosa natural, que odiaban a los judíos y a los no creyentes: sus villanos, los villanos de su historia.
>
> ¿Cómo esos niños, todavía ignorantes de las pasiones políticas, llegaron a eso? ¿Qué significaba su odio? ¿Cómo pensarlo? ¿Cómo entenderlo? ¿De qué aire venenoso se alimentó? ¿Y por qué al otro lado del periférico parisino, la buena gente —innumerable si hemos de creer a las cifras de la manifestación del 11 de enero— se interesó tan poco por lo que generó ese odio, lo midió tan poco o lo trató con esa indulgencia que es otro nombre para "me importa un carajo"?
>
> Hoy, creo entender lo siguiente: esos niños, para quienes la idea de ir a París era un asunto complicado y casi insuperable porque se sentían lejos de lo que París representaba; esos niños para quienes los valores de Francia no significaban absolutamente nada porque desde lo alto de sus edificios no veían más que el aislamiento; esos niños que vivían en la nostalgia de un pueblo

que no conocían y en la hiriente humillación de ser mantenidos a distancia de la fiesta; esos niños se aferraron —a falta de algo mejor— a lo que encontraron a su alcance: creencias comunes y odios comunes como armadura.

¿Quién sería hoy lo suficientemente demente, lo suficientemente estúpido o lo suficientemente hipócrita para creer que estas creencias y sus odios podrían desaparecer en un instante, y por la mera invocación de *Charlie* volverse mágicos? No soy adivina, pero estoy convencida de que pasará tiempo, mucho tiempo, antes de que esos odios desaparezcan. Estoy convencida de que el trabajo para emanciparse de ellos será considerable y no bastará con una pequeña cirugía social con unas cuantas vendas, aún menos con dispositivos de control o milicias de limpieza como las que ha conocido la historia, siempre dispuestas a surgir. Estoy convencida de que el trabajo para emanciparse de ellos será, insisto, considerable. Y mejor decirlo. A riesgo de desagradar a los optimistas, a los que Bernanos decía que se esforzaban por ver el mundo de color rosa para así prescindir de tener piedad de los hombres.

"Tener piedad de los hombres", esta hermosa idea cristiana y universal, que es ante todo un recordatorio para ser generosos con los demás, pero que también significa comprender nuestras debilidades, nuestra fragilidad y nuestra insoportable levedad. Y que, en definitiva, expresa la idea de que debemos hacer siempre el supremo esfuerzo por permanecer humildes y lúcidos en los momentos críticos de nuestra existencia.

Notas en mi cuaderno

Hace algunos años, en el cuaderno de preparación de mi película *Héroes frágiles,* anoté unas líneas que hoy encuentro:

> El espectáculo del mundo occidental contemporáneo es fascinante. Americanos, europeos y japoneses lograron superar la crisis de la posguerra y crearon la sociedad más rica y próspera de la historia de la humanidad. Nunca tanta gente había poseído tanto. Y, sin embargo, esas conquistas materiales y políticas no han sido acompañadas por una mayor sabiduría o una cultura más profunda. El panorama espiritual de Occidente es desolador: vulgaridad, frivolidad, diluvio de pornografía, manipulación de los medios de comunicación. La competencia y la alienación consumista como meta, guía y pauta de nuestras vidas.
>
> Es un mundo que vive en la perversidad, donde unos pocos contabilizan sus riquezas sobre la amputación de la vida de la mayoría. Mientras los más desafortunados sucumben en la profundidad de las aguas, en algún lugar, lejos de la catástrofe, en medio de una fiesta de disfraces siguen bailando los hombres que controlan el poder.
>
> Nuestros tiempos son inquietantes, pero los pueblos de las democracias occidentales, anestesiados por casi medio siglo de prosperidad, ignoran tozudamente la gran mancha que se extiende por todo el planeta. Bajo la máscara de las ideologías seudomodernas, nuestro siglo ve volver a él viejas y terribles realidades que el culto al progreso y el estúpido optimismo de la abundancia creían sepultadas para siempre. Hace más de un siglo, en una situación menos amenazante que la actual, Melville escribió unas líneas que merecen lectura y reflexión.

Cuando las nubes del océano vuelan sobre las tierras altas
La tormenta estalla en la rojez tardía del otoño
Cuando el horror satura el valle inundado
Y con estruendo se derrumba la torre en la ciudad
Pienso en los males de mi patria
Desde la estéril inmensidad del tiempo, he aquí la tormenta que desciende
Sobre la esperanza más pura del mundo combinada con el crimen más negro
Desde la naturaleza se anuncian las tinieblas y la oscuridad...

Herman Melville, Poemas completos,

Chicago, 1947

Mi país no es mi país...

La geografía de Chile es muy hermosa. Todavía bastante salvaje y a veces incluso primitiva. Observo la montaña, el verde profundo de la selva austral, la lluvia, el mar, el desierto, los volcanes, los lagos, los glaciares, y sobre todo los rostros de los hombres y las mujeres del pueblo chileno que todavía quiero mucho.

Acabo de poner en mi viejo tocadiscos un disco aún más antiguo. Me lo llevé cuando partí al exilio en 1973. Es un disco de Benny Moré, de 33 rpm del sello Areito, fabricado en Cuba en 1960 con un retrato a lápiz del inmenso cantor en la tapa. La canción se llama *Santa Isabel de las Lajas*. Es magnífica y la voz del Benny inconfundible.

El recuerdo de mi madre y mi padrastro vuelven a mí con esta canción. Llegaban de La Habana y estaban felices, llenos de alegría y entusiasmo. Cuba fue un lugar importante para los enamorados que ellos eran a principios de los años sesenta. Fue en el fervor de la Revolución cubana que nació esa aventura amorosa. Era necesario un espacio vital sin mesura, una escena histórica excepcional, una epopeya nueva y grandiosa para que el joven Augusto, generoso y pleno de utopías, y Mirella, madura y experimentada, pudieran fundirse en una relación nueva y libre.

La música de Benny Moré es sublime y la letra de su canción evoca la alegría de vivir y la paz del alma cuando surge el amor. Escucho el pasado resurgiendo, los sonidos de la guerra y también el silencio. Los recuerdos de esos tiempos de alegría y esperanza corren por mi mente. Miro algunas fotos de esa época, de Augusto, mi madre y sus amigos. Eran muchos los amigos, y sus alegrías incandescentes me marcaron para toda la vida. Con una nitidez que me asombra, todavía puedo verlos reír, bailar y amarse a través del filtro misterioso de la memoria. Puedo ver sus rostros e incluso escuchar sus voces. Morirán casi todos el 11 de septiembre de 1973 y en los años de represión que seguirán. Murieron jóvenes, alrededor de los cuarenta años. Me consuela pensar que fueron una generación que tuvo la oportunidad de vivir momentos históricos excepcionales de intensidad, creatividad y libertad.

Mi vida ha estado marcada por esos años que son, aproximadamente, los que siguen al final de la Segunda Guerra Mundial y terminan precisamente en 1973, con el golpe de Estado en Chile por un lado y la crisis del petróleo por el otro, como hitos visibles.

Derrota de la utopía

Los años cincuenta habían abierto un período rico en esperanzas en el mundo occidental. Después de los horrores de las sucesivas guerras del siglo xx, nuestro mundo necesitaba reconstruirse y, como siempre, todo comienza con la imaginación. Más que nunca, la utopía y los sueños eran necesarios para imaginar un mundo mejor. Ideas y creaciones, fueran artísticas, políticas o culturales, aparecían plenas de exaltación y rebeldía: un mundo nuevo era posible.

Quienes vivieron, o solo recibieron la influencia de este período que se extiende desde la década de 1950 hasta mediados de la de 1970, tuvieron la suerte de estar acompañados en su camino por los mejores valores humanos producidos por Occidente después de un largo siglo de oscurantismo.

Al cabo de algunos años, la vanguardia política y cultural de esos tiempos comprendería que sus iniciativas y visiones cargadas de esperanza ponían en peligro las bases mismas del sistema de dominación, y que los detentores del poder económico y político los combatirían por todos los medios a su alcance.

Aquellos que fueron los precursores de ese tremendo impulso transformador, los que portaron la idea de que la conjunción entre utopía y realidad era posible, serían paulatinamente marginados, silenciados y hasta asesinados… Basta ver los cuerpos sin vida del Che Guevara, de Bob Marley, de Jean Seberg, de Patrice Lumumba, de John Lennon, de Martin Luther King… y tantos otros.

El complot contra la democracia chilena y su corolario, el golpe de Estado del 11 septiembre de 1973, anuncia eso: el fin de la utopía y el comienzo de un mundo uniformizado, plano; un mundo seguro para los poderosos y frágil para los débiles.

Un mundo dominado por la hegemonía de la economía sobre lo humano.

Este mundo que casualmente llamamos la sociedad global, un mundo bastante aterrador que se puede resumir en una sola frase, proclamada con arrogancia por el expresidente de Estados Unidos de América, George W. Bush, antes de lanzar su cruzada contra el terrorismo con las consecuencias que conocemos: "O estáis con nosotros, o estáis contra nosotros", es decir, o estáis con nosotros o no estaréis...

Aquellos ecos lejanos asaltan mi memoria y me sumergen en esos tristes capítulos de mi pasado. Los atentados terroristas y sus secuelas en la sociedad francesa también despiertan en mí un malestar y una inquietud. Temo que ya no podamos encontrar formas de fraternizar y que nos enfrentaremos a lo peor.

La bestia senza pace.
Héroes frágiles

Todo había más o menos comenzado por una cita de William Shakespeare que un gran amigo de mi padrastro, el periodista y escritor Hernán Uribe, me repitió una noche en el restorán Las Lanzas de la plaza Ñuñoa, mientras compartíamos una botella de vino tinto. La traducción aproximada al castellano sería: "La bondad de los hombres se va con ellos en sus tumbas cuando mueren. La maldad de los hombres, ella perdura".

Me parecía terrible esa observación del gran autor inglés, porque se inscribía muy cerca de la verdad. Así empezó a surgir la idea de una película que intentara proponer una ética y una estética de la fragilidad. Pensaba que en todo el mundo, en plazas y parques, en medio de jardines floridos, aparecen estatuas gigantes de militares arrogantes, montados a caballo con armas en las manos, festejando el triunfo de la sangre, de la muerte. Son los héroes de nuestra civilización y están ahí para recordarnos el valor, el coraje, la intrepidez.

Yo pensaba en el Palacio de la Moneda, bombardeado por los militares chilenos, traidores a la patria; y pensaba en los hombres que defendían el palacio frente al acoso golpista mientras la bandera de Chile ardía en el mástil de La Moneda. Los héroes, claramente, indiscutiblemente, eran ellos, los civiles defensores del palacio y de la democracia, los más frágiles, los que defendían con sus ideas la justicia y la equidad ante la prepotencia de los poderosos y de sus aliados. Así, aparecía en filigrana en mi mente la idea de intentar rescatar la bondad evocada por Shakespeare y la fragilidad como esencias del heroísmo, y conservarlas como un mensaje para construir el futuro. La lealtad, la ética, la bondad como elementos constitutivos de una nueva esperanza. Proponer

Armando Uribe. Fotografía intervenida por Emilio Pacull

una reflexión en torno a unos acontecimientos históricos bien precisos ocurridos en Chile y tratarlos a través del prisma mágico de la subjetividad. Pensaba en los murales mexicanos o en los huipiles guatemaltecos: un paseo por entre los "bordados de la historia".

De aquel rodaje intenso y fulgurante, que fue para mí como penetrar en un laberinto emocional, me quedó el recuerdo inalterable del extravagante y profético poeta chileno Armando Uribe. Don Armando había entendido y sintetizado con brío la esencia misma del sistema económico neoliberal —nueva versión corregida y adaptada del capitalismo—, del cual el Chile de Pinochet fue un verdadero laboratorio. Su experiencia como diplomático en Washington DC en los años sesenta le había permitido conocer desde adentro la estrategia imperial de los Estados Unidos. En una entrevista que le hice el año 2005 en Chile durante el rodaje de mi documental *Héroes frágiles*, nos dice Uribe:

> La frase la *bestia senza pace* (la bestia sin paz, o contra la paz) viene de *La Divina Comedia* de Dante, del Infierno, y aparece en los primeros cantos del Infierno refiriéndose precisamente al Imperio tal cual operaba en la Europa de la Edad Media. Pero ahora, nueve siglos más tarde, tenemos el Imperio más grande que jamás haya existido en la humanidad: el Imperio norteamericano. Me parece muy adecuada esa frase del Dante y es por esa razón que llamo al Imperio norteamericano la *bestia senza pace*.

A pesar de su marginalidad estratégica, en Chile a principios de los años setenta sucedió algo enorme, que repercutió en el conjunto del mundo occidental, algo como el fin de la utopía revolucionaria, el fin incluso de la idea de que un cambio del orden social y político fuera posible. Los Estados Unidos de Kissinger y Nixon, que estaban ya preparando un nuevo orden mundial, planearon convertir al Chile de Allende en un ejemplo no reproductible en el mundo.

Las palabras de Henry Kissinger en los archivos desclasificados son elocuentes:

> La elección de Salvador Allende como presidente de Chile es uno de los problemas más graves que hemos tenido en el hemisferio. Esto afecta nuestra imagen y nuestro papel en el mundo. La propagación de un fenómeno semejante en otros lugares del mundo afectará también el equilibrio mundial y muestra posición en el mundo.

Esas son literalmente las palabras dichas por el hombre clave de la política norteamericana, y sin duda el que más responsabilidad tuvo en cuanto a los esfuerzos hechos para desestabilizar y aplastar la democracia en Chile. Kissinger fue el gran promotor de la política de apoyo de los EE.UU. a la dictadura de Pinochet.

En ¡solo 15 minutos! el presidente de los Estados Unidos decidió sacrificar la democracia en Chile. Le bastó una reunión de 15 minutos, en la cual le dijo al jefe de la CIA: "¡Salve a Chile! Diez millones de dólares disponibles para operaciones. Más si es necesario. Trabajo a tiempo completo. Disponga de nuestros mejores hombres. ¡Asfixie la economía de ese país!".

Y así lo hicieron. La bestia que no conoce la paz una vez más destruyó, torturó y asesinó sin piedad, como un dragón escupiendo fuego, sumiendo a Chile en una dictadura traumatizante. De la bondad de los hombres no quedó ni el recuerdo; con la maldad de los hombres, los vencedores construyeron una nueva sociedad a su imagen y semejanza.

Fantasmas amistosos

Son las tres de la mañana y estoy en mi cama sin poder dormir. Tigrú, el gato, duerme a mis pies. Yucca duerme en el sofá de la sala. El viento sopla muy fuerte esta noche.

Cuando Pep era aún pequeño, su abuelo construyó una casa nueva cerca del faro y dejaron la que ahora tengo yo. Can Jaume, la antigua casa, se convirtió luego en un recinto para animales. En la España de entonces reinaba una gran pobreza y era común ver a dos o tres personas venir cada día a mendigar un trozo de pan o unos higos en las casas de los campesinos. Cuenta Pep:

—Un día toda una familia de vagabundos, el padre, la madre y dos niñas pequeñas llegaron a la puerta de nuestra casa. Eran pobres, miserablemente vestidos y desnutridos. Mi padre, conmovido por la desventura de aquella familia, decidió ofrecerles la casa vieja para ayudarlos. La familia vagabunda se mudó a la casa vieja a cambio de algunos pequeños favores. Eran amables y alegres, y nunca los olvidé. ¿Sabes por qué nunca los olvidé? Porque eran felices. Sí, a pesar de la miseria, a pesar del hambre y la suciedad, la felicidad emanaba de ellos. No sé cómo explicarlo, pero cuando venía a verlos por una u otra razón, sentía alegría a su alrededor. El padre tocaba la flauta y la madre lo acompañaba con una pequeña pandereta. A menudo, por la noche, empezaban a jugar alrededor del fuego y las dos niñas bailaban. Era alegre y bastante mágico también. Mi abuelo no quería que los visitara y me dijo que a veces nos robaban pollos del gallinero. A mí no me importaba, y más de una vez me escapé por la tarde y me acerqué discretamente a la casa vieja para observarlos desde lejos, escondido bajo los pinos. Estaban bailando, cantando y riendo. No tenían nada, pero eran felices. Un día se fueron, pero su música y sus alegrías aún circulan en mi memoria. Fueron los últimos habitantes de la casa vieja antes de que ustedes vinieran aquí.

Cuando le digo a Pep que a veces por la noche escucho la flauta y el pandero en la casa, debe pensar que estoy loco. Pero esta noche, mientras Tigrú y Yucca roncaban, una vez más escuché la dulce y alegre melodía de la flauta y la pandereta. Incluso traté de mirar por la pequeña ventana de la sala para ver si las niñas estaban bailando en el jardín, pero la noche estaba completamente oscura y hacía demasiado frío, incluso para los fantasmas.

Los lazos invisibles

Mi verdadera —debería decir profunda— amistad con Pep se forjó definitivamente una noche hace algunos años durante la fiesta que celebraba el quincuagésimo aniversario de bodas de María y Serge.

María es hija de una antigua familia del lugar donde vivimos, la Venda des Monestir. Cuando joven era, según cuenta Pep, una de las chicas más bonitas de La Mola. Todos los muchachos la cortejaban y Pep, coqueto incorregible, era uno de ellos.

Corría la década de 1940, justo esos terribles años posteriores a la guerra civil: austeridad, delación y moral católica ultra rígida. A muy temprana edad, María se vio obligada a dejar a su familia, su hogar y su isla con la vergüenza como única compañía. Había tenido relaciones sentimentales que iban mucho más allá de lo tolerado y al quedar embarazada, se convirtió en la vergüenza de sus padres. La hicieron abortar con medios primitivos, y luego comenzó a hundirse en la oscuridad de la depresión.

—Ella, que era la alegría y la belleza encarnadas, se convirtió en una ruina. Vivía encerrada en su casa y sus padres ya no le hablaban. Pero también todos los vecinos señalaban a la pobre niña como sinónimo de la ignominia. María empezó a tener crisis de epilepsia y en esa época no se conocía nada de esta enfermedad. Cuando se caía al suelo con convulsiones y la baba saliendo por la boca, los vecinos decían que el demonio se había apoderado de ella. Un día, su madre le hizo una maleta y la envió a Barcelona con un pariente lejano. Tenía solo 15 años y nunca había salido de la isla —recuerda Pep.

En Barcelona la niña trabajó como costurera en una fábrica que confeccionaba uniformes para militares, pero al cabo de un tiempo decidió marcharse para probar suerte en Francia. Fue en los suburbios de París, trabajando como camarera en un bar para camioneros, donde un día se encontró con la mirada azul de Serge. Él era camionero, y se detenía en aquel bar para comer.

Se enamoraron, se casaron y pasaron gran parte de su vida en un pueblito de la periferia parisina. Cuando Serge se jubiló, se mudaron a La Mola, a la casa de la que María fue expulsada en su juventud y que ahora heredaba tras el fallecimiento de sus padres. Allí viven desde entonces, juntos y en paz.

Hoy, la pareja celebra cincuenta años de amor. No tuvieron hijos, pero basta con mirarlos para entender que han sido felices. Mi esposa y yo hemos sido invitados a la fiesta y estamos felices y lo consideramos un honor y una profunda marca de confianza. La familia ha querido hacer una fiesta excepcional, y somos casi un centenar las personas invitadas a esta fabulosa cena.

Desfilan los mejores platos de la cocina mediterránea: cabritos al horno, pescados, frutas, quesos y, por supuesto, el vino de La Mola que para mí es una delicia. En la gran mesa donde estamos sentados, los comensales solo hablan catalán, un idioma todavía bastante críptico para nosotros, pero tengo la suerte de que Pep y Margarita están sentados frente a nosotros. Pep nos mira largo rato con una sonrisa preciosa y luego me dice:

—No sé, Emilio, por qué misteriosa razón, cuando te veo siento que te conozco desde siempre. Como si te hubiera conocido en otra vida. Desde la primera vez que te vi, siempre tuve ese sentimiento.

Los cuatro nos reímos de buena gana, pero también me emociono mucho, ya que para mí es exactamente igual. ¿Por qué extraña razón en la vida nos topamos con seres con los que nos encontramos en tan perfecta armonía? No tengo una respuesta válida excepto la maravillosa magia que a veces acompaña la existencia.

Yucca

Esta mañana hace frío y como casi todas las mañanas desde que llegué aquí, salgo a correr con Yucca. A ella le encanta y tan pronto me despierto ya está dando vueltas feliz a mi alrededor. Incluso me cuesta prepararme un café en la cocina, ya que su alegría es desbordante.

La perspectiva de salir a correr la pone en un estado de excitación absoluta. En mi coche tomo el pequeño sendero que bordea los acantilados y Yucca se precipita en todas direcciones en una carrera donde la velocidad y la elegancia se combinan a las mil maravillas. Su silueta saltando entre las ramas se destaca radiante contra el azul del mar. Cuando la veo cabalgar con tanta gracia, cruzar obstáculos con tanta armonía y finalmente volver a mí sin aliento y radiante y perfumada con romero silvestre, no puedo creer que sea la misma perra, temerosa y feroz, que conocí hace unos meses atrás.

Mi hija la encontró en la perrera de Formentera. Tenía alrededor de tres años y había sido abandonada por unos cazadores, según relató el encargado. Mi hija la vio acurrucada sobre sí misma y temblando de miedo al fondo de su jaula, con una mirada en la que se mezclaban el terror y la compasión de ambas. El encargado le dijo que tenía que actuar rápido, la perra llevaba dos semanas allí y como nadie había preguntado por ella, al día siguiente la enviarían a Ibiza para ser sacrificada. Como en toda buena historia, todo salió bien y esa misma noche Yucca estaba en casa de mi hija.

Yucca es una perra de raza, una gordon setter inglés. Es muy delgada, de color negro con manchas blancas y marrón. Es realmente muy bella. Había pertenecido a cazadores que con seguridad la maltrataron. Me tomó mucho tiempo poder acercarme a ella con calma. Desconfiaba absolutamente de los humanos, en especial de los hombres. A Yucca le gusta jugar, le gusta correr y también le encanta que le susurren cosas dulces al oído. No le haría daño a una mosca, en el sentido más estricto de la palabra. Cuando Tigrú llega con una presa, ella lo mira con cautela y miedo y se aleja con la cola hacia abajo, como si la violencia de la escena la perturbara. Ni siquiera me atrevo a imaginarla como parte de una manada de sabuesos de un cazador. Tuvo que sufrir el martirio.

Afortunadamente hoy ha reencontrado la alegría e incluso más.

Recogiendo setas

Margarita vino a buscarme esta tarde para ir a recoger setas. Tiene una experiencia y un don excepcionales para explorar los bosques de La Mola, y perderse con ella en el bosque es una experiencia divertida. A pesar de sus 85 años, camina con confianza por los agrestes senderos y su ojo para divisar la discreta protuberancia, ante la presencia de las setas escondidas bajo los pinos, es increíble.

Conoce estas regiones desde su infancia, cuando cuidaba rebaños de ovejas durante días enteros. Me dice que conoce tan bien este bosque que es capaz de reconocer los árboles, la ubicación de las rocas e incluso los olores de las plantas. Me dice que podría encontrar el camino de regreso con los ojos cerrados. Yo me limito a mi papel de asistente, y aunque ella me explicó más de una vez la técnica para observar el suelo y rascar bajo los pinos, reconozco ser un pobre rastreador de hongos. Pero me gusta acompañarla y escucharla hablar. Ella me explica de una manera sabrosa los platos y las recetas donde estos hongos se van a sublimar. Y debo admitir que he desarrollado bastante mis habilidades culinarias gracias a sus consejos.

Al atardecer volvemos a casa con una veintena de estos deliciosos hongos que a los campesinos de aquí les encantan. Antes de despedirnos pregunta si puedo ir mañana por la mañana para ayudarla a matar una gallina:

—Cada vez me cuesta más sujetarlas para desangrarlas.

Es cierto que las gallinas locales pesan en promedio alrededor de cinco kilos y el trabajo requiere mucha energía. He participado antes en la ejecución de uno de sus pollos y aunque no me gusta nada el ritual de drenar su sangre durante la matanza, no puedo declinar su demanda. Como además me invita a compartir con ellos al día siguiente un arroz con pollo y setas, el trato está hecho.

Margarita me recuerda a mi abuela materna, que me guio bastante en mi infancia y por la que siempre he sentido una ternura y un respeto inmensos.

Mi abuela nació en el barco que traía a su padre, su madre y a sus tres hermanos desde la miseria de Castilla la Vieja hacia Valparaíso, puerta a la esperanza de un mundo mejor. El año 1887 desembarcaron en el entonces principal puerto chileno. Allí les indicaron que las tierras que el Estado de Chile les proponía colonizar se encontraban en el sur del país, a más de mil kilómetros del lugar donde acababan de arribar. Después de un periplo inenarrable, la familia llegó al lugar soñado en medio de la lluvia y el barro. Me imagino a mi abuela Virginia con solo meses de edad en los brazos de Basílides, su madre, y a mi bisabuelo Isidoro, fuerte y silencioso, examinando las herramientas y la yunta de bueyes con la cual debían comenzar su aventura chilena. Me fascina pensar en mis bisabuelos que en apenas una generación lograron integrarse a la sociedad chilena, ganarse honestamente sus vidas y sobre todo educar y sacar adelante a sus siete hijos.

La historia de mis abuelos paternos es también muy intensa. Originarios de los Pirineos españoles, la familia emigró de España a finales del siglo XIX y desembarcaron unos meses más tarde en el puerto de Montevideo, Uruguay. Allí, a diferencia de Chile, no había proposición de tierras ni de colonización. La familia era sumamente pobre y mi abuelo Domingo, que tenía solo siete años, trabajaba como lustrabotas en el puerto para ayudar a la familia a sobrevivir. Lo extraordinario de la historia es que mi abuelo el lustrabotas apenas veinte años más tarde era nombrado cónsul de la República Oriental del Uruguay en Santiago de Chile. Ocupó ese puesto diplomático por más de treinta años, contrajo matrimonio con mi abuela chilena, Teresa

Torchia, y tuvieron tres hijos chilenos. Eso era América para todos los emigrantes que llegaban a sus riberas, a menudo hambrientos, humillados y desesperados. En tan solo una generación un mundo nuevo se abría ante ellos.

Mi primer retorno

En 1985, doce años después de mi salida de Chile, las autoridades militares levantaron la prohibición de regresar al país que pesaba sobre mí. El mes de marzo de ese año, tomé un avión y regresé a mi tierra. Recuerdo que deliberadamente no quise contactar a nadie antes de viajar, pues quería acercarme a mi pasado con cautela y anonimato. En esos doce años la muerte y la destrucción habían barrido sin piedad una parte importante de mi vida. Mi madre se había exiliado en Cuba, mi hermana en Canadá. Me parecía casi inconcebible que fueran tantos los familiares y amigos muertos o desaparecidos. Los pocos bienes familiares se habían perdido. Nuestra casa, abandonada y saqueada. Algunos buenos amigos habían conservado cuadros, muebles y libros de la familia. Algunos malos amigos nos habían expoliado sin misericordia.

Toda una larga historia familiar aniquilada. No era miedo lo que sentía ante la idea de enfrentarme a esa dolorosa realidad, pero sí una inquietud que no lograba definir.

Aún hoy, casi treinta años después, me conmueve recordar la extraordinaria emoción que sentí cuando vi por la ventanilla del avión la cordillera de los Andes. A pesar de la dictadura, el sufrimiento y la muerte, una indefinible excitación me invadió en aquel momento. No había previsto nada. En el aeropuerto tomé un taxi y le indiqué que me llevara a un hotel que recordaba en el centro de Santiago. En la calle Compañía, cerca de la Plaza de Armas. Era un edificio antiguo estilo *art nouveau*, y desde mi infancia su arquitectura obscura y cromada me había atraído. Siendo pequeño alguna vez acompañé a mi madre a tomar un café en lo que yo recordaba como un hermoso y elegante salón de té. Bien sabemos que la memoria conserva intactas las cosas

que el tiempo destruye. Mis recuerdos me engañaban y el salón de té, como también la habitación que alquilé, habían sufrido los estragos del tiempo. La humedad y los malos olores indicaban sin lugar a dudas el ocaso del otrora hermoso hotel colindante con la Catedral de Santiago de Chile.

Hoy el hotel City ya no existe, pero en aquel momento fue mi refugio durante aquellos melancólicos y exaltantes días de mi primer regreso a Chile. Y debo confesar que fue además un refugio creativo, pues en una semana escribí ahí la primera versión del guion de la que sería más tarde mi primera película. Todavía hoy, cuando paso por aquel barrio de Santiago siento una intensa emoción.

La primera noche en el City bebí mucho pisco con hielo y dormí muy poco. El nochero me aconsejó no salir a la calle de noche porque el barrio estaba muy peligroso, dijo. Prudente, me quedé pensando y bebiendo.

Esa noche soñé con mi abuela. Yo quise mucho a mi abuela y sufrí al no poder abrazarla y besarla antes de que muriera. Desde que me fui de Chile había conservado como un talismán el manojo de llaves de mi casa, pues la idea era regresar pronto a mi país. En el sueño, yo tenía las llaves en la mano y con ellas abría la puerta exterior de la vieja casona de Ñuñoa en un atardecer invernal. Entraba sigiloso caminando lentamente en la obscuridad. La casa estaba abandonada desde hacía muchos años. Los vidrios de las ventanas estaban rotos, la maleza y las hojas impedían avanzar, la obscuridad era tal que no veía ni siquiera mis pies. De pronto una dulce armonía me sobrecogió. El murmullo musical venía del interior de la casa solitaria. A pesar de mi terror, la melodía interpretada me era familiar. Seguí caminando hasta llegar a la puerta principal y con mi segunda llave logré abrir con dificultad la cerradura oxidada de la vieja puerta de roble. Caminé por el pasillo de baldosas rojas hasta llegar al salón principal de nuestra casa. Incrédulo observé a través de los vitrales de la puerta que mi abuela estaba allí, de espaldas a mí, sentada frente a su piano, acariciando con sus finos dedos las teclas del instrumento. Su cabellera blanca inmaculada caía sobre su espalda. El piano tenía dos candelabros dorados cuyas velas encendidas iluminaban la escena.

Me quedé ahí inmóvil un tiempo largo. Sintiendo mi presencia, mi abuela se dio media vuelta lentamente y me miró con una sonrisa y una dulzura que me llenó los ojos de lágrimas y me dijo: "¡Candilejas! ¿No te acuerdas cuando la tocaba para ti? Candilejas de Chaplin…" Cuando intenté acercarme para abrazarla, desperté llorando y esa mañana en el hotel City seguí llorando un rato largo pensando en lo irremediable del tiempo, en los amigos desaparecidos, en el amor inconcluso. Después me afeité mirándome fijamente en un espejo carcomido por la humedad, antes de salir hacia el sol a tratar de reconocer mi país perdido.

Yo no me daba cuenta aún de que la cruda verdad era que el país en que nací ya lo había perdido. Un país se pierde cuando dejas de reconocerlo como un espacio inherente a tu vida. Cuando ya no puedes identificar los valores que te forjaron en la infancia. Cuando un sector de la sociedad te expulsa violentamente de su historia. Me aferré durante un tiempo a los afectos, los recuerdos, las emociones, pero el lazo esencial estaba definitivamente roto.

Un partido de fútbol especial

Debo contar aquí que el fútbol fue para mí desde muy niño una pasión absoluta. Juan Emilio Pacull, mi padre genitor, siendo un joven periodista había comenzado su carrera como cronista deportivo en el principal periódico del país y desde mi primera infancia me llevaba al estadio.

A mi padre le encantaba también el boxeo, y le encantaba sobre todo el mundo de la noche en aquel Santiago de los años cincuenta. Siendo un hombre culto y sofisticado, prefería la compañía de amigos de los bajos fondos con los cuales compartía y bebía en tugurios de mala fama. Recuerdo que me decía que esa gente era leal.

Uno de sus mejores amigos de ese tiempo fue el gran Arturo Godoy, boxeador de peso pesado que fue una gloria y un mito en la historia del noble arte en Chile. Su inmensa fama le vino por haber enfrentado en los años cuarenta en Estados Unidos al campeón mundial indiscutido de la categoría máxima, Joe Louis, quien tenía el apodo de el "bombardero de Detroit", tan poderosa era la dinamita de sus puños. Nuestro Godoy nacional aguantó en el ring durante 15 rounds los asaltos del gigante negro sin caer ante sus golpes. Su reputación y la mitología que lo acompaña duraron décadas.

En una ocasión acompañé de noche a mi padre al teatro Caupolicán a una velada de boxeo. Mi padre seguramente buscaba aguerrir a su primer hijo varón iniciándolo en un espectáculo eminentemente masculino en aquella época; y mi impresión fue increíble al ver en el ring a dos hombres golpeándose con violencia insospechada. Estábamos literalmente al borde del cuadrilátero y el ruido de los guantes reventando en los rostros, la respiración agitada, los quejidos y la sangre corriendo por los labios y la boca, y el público de pie gritando exaltado hasta la caída brutal de uno de los rivales y los insultos al vencido estirado como un muerto en la lona sanguinolenta, fueron imágenes que quedaron grabadas en mi memoria.

Uno de los últimos recuerdos intensos de aquel viaje fue un partido de fútbol de mi equipo preferido, el Colo–Colo. En 1985 Pinochet reinaba aún como amo y señor de Chile. El fin de la dictadura se aproximaba y, como sucede a menudo en esos momentos en que la historia vacila, la represión era brutal.

Volver al Estadio Nacional después de tanto tiempo sabiendo los horrores que ahí se cometieron en los meses que siguieron al golpe no era cosa simple, pero la emoción del fútbol y la promesa del partido entre rivales tradicionales aquella noche le ganaron a mis reticencias.

Ya no me acuerdo del resultado del partido y no tiene ninguna importancia. Lo que sí fue extraordinario sucedió de repente. De manera inesperada, la inmensa masa humana congregada para asistir al partido de fútbol se puso a cantar algo que en un comienzo no entendí. Los sesenta mil espectadores se levantaron al unísono y entonaron el mismo refrán con una voz poderosa y estremecedora. Me di cuenta de que los carabineros y numerosos policías miraban al público amenazantes y se desplazaban inquietos alrededor del campo deportivo. Recién ahí comprendí la frase que el público repetía con júbilo y que alteraba a los policías: ¡Y va a caer! ¡Y va a caer! ¡Y va a caer! La masa humana compacta, anónima y por ende imposible de identificar, repitió incansablemente el mismo refrán durante largos minutos en un acto asombroso de rebelión colectiva. ¡Y va a caer! ¡Y va a caer! ¡Y va a caer!

En un país paralizado por el miedo, el público del estadio más importante de Chile ya no se interesaba por el partido para el cual había pagado su entrada, sino por manifestar su detestación de la dictadura que oprimía al país. La última imagen que me queda es la de los 22 jugadores desorientados en la cancha, olvidándose del balón y mirando hacia las tribunas el espectáculo de una sociedad que comenzaba a voltear hacia el futuro y a tomar el destino en sus manos. Me acordé de Lope de Vega y de *Fuenteovejuna,* y luego me dije que ese estadio que fue testigo de tanta tortura y tanta muerte limpiaba de esta manera alguna parte de sus heridas.

Hoy que el tiempo ha pasado, me da mucha tristeza constatar cómo el pueblo de Chile fue una vez más traicionado por las clases dirigentes y los partidos políticos que realizaron la llamada transición democrática.

Tierra Sagrada

El color dominante de la imagen es el verde, un verde profundo, y llueve sin parar desde hace días, semanas, quizás meses. Esa lluvia alucinante y demencial del sur de Chile. No hace falta un gran esfuerzo para visualizar desde mi terraza la silueta de Joaquim de Almeida, caminando entre las nubes del tiempo. Joaquim interpreta el papel principal de mi película *Tierra Sagrada*, va caminando desorientado, ahogado de agua de lluvia por entre las araucarias milenarias buscando una frontera, una salida a su angustia existencial. Termina por caer exhausto y fundirse en la tierra húmeda y fría en aquella última imagen de la película.

Entre 1985 y 1987, durante la escritura, preparación y rodaje de *Tierra Sagrada* estuvimos un largo período en Chile, en Santiago y también en el sur. Como se trataba de una producción francesa, el equipo estaba constituido en los puestos principales por técnicos y actores franceses, pero obviamente la mayor parte del grupo eran de nacionalidad chilena. Aquellos años eran muy extraños en el Chile de Pinochet; por un lado empezaba a perfilarse una cierta apertura, y por otro la represión de la dictadura poseía una terrible violencia. Asesinatos, torturas y amenazas eran moneda corriente en aquellos días.

Ahora, a la distancia, me doy cuenta de que la preparación y el rodaje de esa película en aquel momento fue algo peligroso. Se percibía en la atmósfera de la ciudad una sensación inquietante. Yo llevaba varias semanas en Santiago trabajando en la preparación, repartición de roles y búsqueda de decorados. Patrick, el productor francés; Rosine, la directora de producción y yo obviamente, esperábamos con cierta ansiedad el visto bueno de la Dinacos (División Nacional de Comunicación Social),

organismo gubernamental compuesto en forma casi exclusiva por agentes de la dictadura. La respuesta oficial, necesaria para realizar el rodaje, seguía tardando mientras la mayor parte de los actores y técnicos franceses iban llegando a Santiago. El rodaje debía comenzar, o la producción corría peligro de ser anulada, todo lo cual creaba un clima de alta tensión entre nosotros.

Al cabo de una semana llegó al fin la noticia tan esperada, la Dinacos nos autorizaba a filmar en Chile. Aquella noche festejamos con champán nacional la gran noticia en un hotel del barrio Vitacura, donde se hospedaban Julien Guiomar y Joaquim de Almeida.

En aquel momento no podíamos sospechar lo que se nos vendría encima. El material técnico de rodaje y gran parte del material eléctrico venían desde Francia y el transportista que se ocupaba de ese traslado nos anunció que el vuelo de Air France llegaría a Santiago al día siguiente. Los productores empezaron entonces las gestiones para recuperar el material de la aduana. De inmediato los funcionarios de aduana del aeropuerto de Pudahuel comenzaron a poner todo tipo de obstáculos para la entrega de aquel material indispensable para realizar la película. Decían que las listas de ingresos estaban incompletas, que había anomalías en los procedimientos, que había que esperar que la dirección de aduanas diera su visto bueno, etcétera, etcétera. La comunicación era difícil y la ambigüedad era total; la inquietud volvió a surgir y empezamos a preguntarnos si no seríamos víctimas de una pura manipulación.

En aquellos días de espera interminables y tensos, Patrick fue contactado por opositores al dictador en la clandestinidad y en medio de altas medidas de seguridad, se llevó a cabo una misteriosa reunión que tuvo lugar en el bar de un hotel elegante del barrio alto de la ciudad. El líder de la organización, un hombre joven y corpulento, fue directo al grano.

—Necesitamos alquilar una casa en los alrededores de Santiago y es más simple y más seguro para nosotros que no sea un chileno el que lo haga. Sabemos que usted es una persona cercana a Chile y enemigo de la sangrienta dictadura que azota nuestro país desde hace doce años. Aunque usted no puede saber exactamente quiénes somos, sepa, señor, que gracias a su eventual ayuda en este momento usted estará ayudando a nuestro pueblo a liberarse del opresor.

Patrick salió de aquella reunión perplejo y llegando al hotel donde se hospedaba nos llamó para explicarnos la situación. Aunque todos nosotros tuviéramos más que simpatías por los heroicos opositores a Pinochet, era evidentemente absurdo y peligroso aceptar la proposición de los jóvenes militantes. Nunca más supimos de ellos, hasta el 7 de septiembre de 1986, cuando un grupo de osados militantes del Frente Patriótico Manuel Rodríguez ejecutó una emboscada contra el dictador Augusto Pinochet en la zona del cajón del Maipo en la llamada Operación Siglo XX. El dictador escaparía de la muerte gracias al blindaje de su automóvil y a que falló la bazuca que debía desintegrar el auto, pero por lo menos seis efectivos de su guardia personal resultaron muertos por balas aquel día. Las represalias serían sangrientas, y numerosos militantes del Frente Patriótico Manuel Rodríguez resultarían detenidos o asesinados.

La casa que Patrick hipotéticamente habría alquilado en la comuna de San José de Maipo, y más precisamente en el villorrio La Obra, una casa de adobe insignificante al borde de la ruta que une San Alfonso con Santiago, fue la casa elegida por los arquitectos del atentado, desde la cual organizaron la singular operación.

El dictador y su escolta viajaban casi todos los fines de semana al pueblo de El Melocotón donde la familia Pinochet tenía una villa de descanso; para regresar a Santiago la comitiva y sus escoltas debían obligatoriamente pasar por el villorrio La Obra, un punto donde la ruta se estrecha.

En aquella casita de adobe, los frentistas reunieron progresivamente las armas, elaboraron los planes del atentado y vivieron largos meses de zozobra, de esperanza y también a veces de terror. Lo que ese grupo de mujeres y hombres de Chile realizó en esos momentos fue absolutamente admirable y merece el respeto total de los chilenos.

Aunque el dictador sobrevivió, el operativo fue una humillación absoluta para los militares chilenos y, en definitiva, ese atentado quedará para siempre como un hito en la historia de la lucha contra la dictadura en Chile.

El material de filmación nunca salió de la aduana. El destino de la película se jugaba en esos momentos, y fue gracias a la voluntad y determinación de Patrick y Rosine que logramos llevar el proyecto a su fin. Era evidente que el gobierno de Chile no quería que filmáramos; por un lado nos decían que autorizaban el rodaje y por detrás hacían lo imposible por impedirlo.

A pesar de la hostilidad de las autoridades no claudicamos y gracias a nuestro amigo Juan Enrique Forch, productor chileno que se convertiría en un gran amigo, pudimos conseguir una cámara Arriflex de 35mm, una serie de lentes Zeiss y película negativa Fuji suficiente para rodar un largometraje. La embajada de Francia en Santiago, y especialmente Jean Mendelson, en esa época consejero diplomático en la embajada, también aportaron una parte esencial al proyecto. Cada día después de la filmación, un automóvil partía discretamente con las bobinas filmadas y las llevaba a la embajada de Francia; allí eran conservadas por algunos días y una vez por semana salían de Chile por valija diplomática.

Nosotros seguíamos filmando concentrados en el único objetivo de terminar el film. Cada fin de semana el laboratorio LTC de París nos llamaba para entregar un informe sobre el resultado del revelado; eran momentos angustiosos para todos nosotros pues si el laboratorio detectaba fallos técnicos era desastroso; teníamos el tiempo contado y la economía también. El equipo de cámara y de sonido trabajaban con una concentración máxima, sabiendo que hasta el mínimo error de su parte pondría en jaque la existencia misma de la película. La alegría y la excitación de todo el equipo eran magníficas cuando después de hablar algunos minutos con París, nos enterábamos de que todo estaba funcionando correctamente. La tensión, la inquietud y a veces el miedo seguían rondando a nuestro alrededor. Por la prensa o la televisión sabíamos de tiroteos, arrestos e incluso asesinatos de oponentes al régimen de Pinochet.

Las amenazas a los actores chilenos que actuaban en la película eran reales y un día el gran actor chileno Julio Jung llegó al set de rodaje inquieto. Julio, muy conocido en Chile y un franco opositor a la dictadura, había recibido esa mañana una hoja impresa artesanalmente en la cual cierto grupo de tipo fascista lo condenaba a muerte por su "complicidad con el marxismo".

Otros actores, como Fernando Gallardo, también recibieron la misma siniestra hoja de amenazas y todo ello creaba en el interior de nuestro equipo un clima extraño, pero que paradójicamente terminó por unirnos y mantenernos conectados con nuestro objetivo hasta el final.

Cuando al cabo de ocho semanas el material de filmación confiscado por la aduana, que nunca pudimos retirar del aeropuerto, regresó a Francia la sorpresa fue de talla mayor. Al abrir las cajas en París, los responsables de la empresa de alquiler de equipos de cine Samuelson Alga, descubrieron atónitos que en su interior —en lugar de cámaras, lentes, luces y otros implementos— había todo tipo de piedras de diferentes tamaños pero que tenían exactamente el mismo peso que la caja original. El robo de aquel material fue estimado, en aquella época, en más de un millón de dólares. La compañía de seguros terminó por pagar, pero Rosine Robiolle, la directora de producción, a su regreso a Francia fue regular e insistentemente interrogada por expertos en seguros que suponían alguna complicidad de ella con los malhechores. Nunca quedó claro por quién ni en qué lugar exactamente el material fue robado.

El espantapájaros

Esta mañana fui a caminar con la Yucca por los senderos que rodean los acantilados cerca de la casa. Es un paseo hermoso y contemplar el mar profundo desde lo alto de los acantilados es un prodigio de belleza. La caminata es áspera porque el suelo es duro y plagado de piedras imperfectas que complican un paso regular, pero a Yucca esos obstáculos no le impiden correr y disfrutar como si fuese una playa de arena. Los cojines de sus patas son fuertes y de una consistencia muy sólida, lo que le permite correr por cualquier superficie con facilidad.

Al cabo de unas horas y mientras regresábamos por un camino poco frecuentado observé de lejos que Yucca atrapaba un objeto entre sus dientes y lo tiraba con fuerza hacia el camino. Era un bulto grande y me pareció algo semejante a un cuerpo humano. Tuve una sensación extraña y corrí hacia la Yucca gritándole que dejara de gruñir y de morder. Al acercarme vi que se trataba de un mono de trapo muy grande, un mono de talla humana, un espantapájaros en realidad. Estaba bastante podrido pero aún vestido con prendas coloridas. Lo levanté y lo senté en la silla a la cual estaba amarrado. La Yucca se puso a ladrar como una condenada y la verdad es que me costó bastante calmarla. El hombre de trapo le produjo pavor y yo traté de explicarle que no fuera idiota, que era inofensivo y más bien simpático comparado con los cazadores que ella había conocido hace unos años y que recorren estos senderos tirando cartuchos de perdigones sobre cualquier animal que se cruce en su camino.

Al levantar al espantapájaros y acomodarlo en la orilla del camino me di cuenta de que lo conocía y un recuerdo volvió intensamente a mi memoria. Hace más de veinte años yo circulaba lentamente en mi coche por el camino que lleva a mi casa cuando de pronto observé a lo lejos una imagen que me pareció extraña. Una mujer caminaba por el campo cargando un cuerpo sobre sus espaldas. Al percatarse de que mi coche se acercaba y que probablemente nos cruzaríamos en algunos segundos, la mujer abandonó su carga y se escondió entre los matorrales. A pesar de mi sorpresa me hice el desentendido y no me detuve ni traté de entender el gesto extraño de la mujer. Tiempo después comprendí que aquel fue mi primer encuentro con Margarita. La timidez, la sensación de ridículo de que un extranjero la viera con ese espantapájaros entre sus brazos fue tal que prefirió tirarse al suelo con su personaje y esperar que el coche pasara.

El espantapájaros de camisa azul, pantalón rayado y sombrero colorado protegió dos o tres veranos la plantación de trigo de Pep. Me emociona mucho recordar el momento en que Margarita se escondió avergonzada en el campo con su bella creación. No es un juego de palabras lo que digo, es realmente una hermosa creación ese mono de trapo, una maravilla de gracia, no solo expresivo y armonioso sino que además un guardián celoso que cuidó los frutos de su campo durante varios años.

Hoy nuestra amistad y nuestra confianza son tales que cuando abordé con ellos esta historia del espantapájaros nos reímos todos juntos como una misma familia.

El general de la vergüenza

Hace unas semanas mi amigo el cineasta chileno Miguel Littin tuvo la gentileza de enviarme con una amiga una copia de su última película, que yo no pude ver en el cine cuando fue estrenada. Se trata de la cinta *Allende en su laberinto,* una ficción sobre las últimas horas de vida de Salvador Allende y el derribamiento de la democracia chilena el 11 de septiembre de 1973.

Cuando la mentira y la traición de los militares chilenos es manifiesta y el bombardeo de la aviación contra el Palacio de Gobierno se termina, comienza la segunda etapa con el ataque de la infantería apoyada por los tanques. El general que organiza este asalto a La Moneda, que culminará con la muerte del presidente Allende y de la mayor parte de sus colaboradores, es el tristemente célebre general Javier Palacios.

Al escribir en el año 2005 el guion de mi película *Héroes frágiles* esto es lo que yo había imaginado.

> El general Javier Palacios es el individuo que estaba al mando de las tropas de infantería que hicieron el asalto final al Palacio de La Moneda. Recibe la orden de preparar sus tropas para el ataque al Palacio de Gobierno solo 24 horas antes del inicio del golpe militar. Minutos después de terminado el bombardeo aéreo, Javier Palacios ordena la destrucción de la imponente puerta principal sobre la cual arde en llamas el mástil con la bandera de la República de Chile. Los soldados penetran al interior y toman posesión del edificio. Son esos soldados, con Palacios a la cabeza, los que descubren el cuerpo sin vida del presidente Allende y también el de mi padrastro. Algunas horas después ordena fusilar a los sobrevivientes. El general Palacios tiene actualmente 76 años.

Quiero entrevistarlo. Quiero que me cuente con detalles los acontecimientos. Me pregunto si lograré conservar la sangre fría frente a este hombre que ordenó asesinar a un grupo de hombres que se habían rendido y a los cuales ni siquiera les reconoció el derecho de combatientes.

El general Javier Palacios falleció hace algún tiempo, de muerte natural, como les sucede a menudo a seres ruines. Cuando el año 2006 después de infructuosos intentos logré tomar contacto con él y le propuse una entrevista para mi película, su única reacción fue: "¿Cuál es su proposición económica?" Yo le expliqué que se trataba de un documental y que por razones de ética elementales no era posible pagar por una entrevista de esta naturaleza. No hubo caso de hacerle entender; me indicó que lo llamara cuando tuviera una proposición consecuente y cortó la comunicación.

Horas más tarde llamé por teléfono al productor en Francia y le presenté el dilema. Yo quería esa entrevista en mi película pero al mismo tiempo pagar por ella a esa detestable persona me complicaba. El productor me dejó en libertad de elegir lo que yo estimara bueno para la película. Llamé nuevamente a Palacios que después de algunas negociaciones dudosas terminó aceptando la suma de dos mil dólares por una entrevista en su departamento de la ciudad de Viña del Mar.

Recuerdo que esa mañana yo estaba nervioso y mientras preparábamos con mis técnicos la iluminación y otros detalles en el departamento del general, tuve la sensación de que esa entrevista sería una mierda, pero ya era muy tarde para retroceder. De pronto apareció Palacios con un traje obscuro, camisa blanca y corbata rosada. Caminaba con dificultad dejando tras de sí un halo de perfume de lavanda que me pareció repugnante. Me tendió la mano con una sonrisa tan falsa que ahí mismo entendí que había caído en una trampa. Nada interesante ni auténtico podría surgir en tal contexto. Durante media hora solo respondió lugares comunes. No paraba de ajustarse el nudo de la corbata con nerviosismo y cuando una pregunta le molestaba se ponía a reír de manera excesiva. Sus movimientos en el sillón donde estaba sentado me hicieron pensar en una especie de gusano gigante revolcándose en el fango. A los pocos minutos de empezar la entrevista ya no escuchaba nada de lo que decía y solo veía sus dientes postizos, sus mímicas amaneradas, sus colleras de nácar y ese olor a lavanda y transpiración cada vez más insoportable. Y la certeza de que nada de lo filmado ahí serviría para mi película. Todo esto a la basura, me dije.

Cuando al cabo de treinta minutos el general miró su reloj pulsera y anunció que la media hora había concluido, fue casi como un alivio. Mientras guardábamos el material de rodaje, el general se acercó discretamente y me pidió que lo siguiera a su despacho. En ese instante yo le dije muy rápidamente a Pablo, mi asistente, que nos siguiera y nos filmara también con mucha discreción.

Una vez en su despacho el general empezó a mostrarme sus fotos colgadas en los muros, en especial una, con su uniforme de guerra, en la que baja de su tanque para entrar a La Moneda en llamas. Mientras yo miraba las fotos el general me recordó en un susurro el dinero que le debía. Muy lentamente extraje del bolsillo el fajo de dólares, dejando intencionalmente algunos billetes en el fondo. Con la misma lentitud le entregué el fajo, mientras Pablo filmaba la escena y hacía un *zoom*, muy logrado por lo demás, sobre las manos y el rostro ávido del general contando sus billetes. Meses más tarde durante el montaje de la película tuve la intención de utilizar esas imágenes, pero rápidamente nos dimos cuenta de que no era una buena idea. Era ponerse en una posición de bajeza ética que no se correspondía con la intención de nuestro proyecto. En fin, el único recuerdo que me queda de ese "héroe" de la derecha reaccionaria y golpista de Chile son esos ojos desorbitados y esas manos regordetas contando mal sus billetes verdes. Tan mal los contó, que con los doscientos dólares que se quedaron en el fondo de mi bolsillo invité esa noche a todo el equipo a comer, beber y escuchar sublimes tangos en el Cinzano, uno de los bares más auténticos y tradicionales de la ciudad de Valparaíso.

Malena canta el tango como ninguna,/ y en cada verso pone su corazón./ Malena canta el tango con voz de sombra,/ Malena tiene penas de bandoneón…

Son las últimas estrofas y los últimos recuerdos de aquella jornada nefasta que terminó en una noche memorable de amistad y alegría.

General Palacios, después de cometer lo irreparable

Hotel California
Encuentro con hombres notables

Esta tarde he subido a fondo el volumen de mi equipo de sonido. La canción del grupo The Eagles interpretando el clásico *Hotel California* hace vibrar los muros de la casa, y la letra alucinada y barroca de esta canción siempre me ha perturbado.

Cuando evoco a seres detestables, como el general Palacios, también aparecen en mi memoria sus antítesis, los seres admirables.

Ya es de noche y mientras bebo un trago de whisky mirando por el gran ventanal del salón, observo una imagen perdida y borrosa, que poco a poco va cobrando nitidez y color. Aparece, incrustado entre las nubes iluminadas fugazmente por el halo del faro, un automóvil, un automóvil rojo que traga kilómetros a una velocidad inverosímil por una autopista gigante.

El motor V8 produce un sonido maravilloso y la sensación de potencia que se siente al volante es única. Creo que era un Ford Mustang o un Chevrolet Camaro, un automóvil gringo de esos que hacían furor en los años setenta. Yo tenía el recuerdo de haber conducido en Chile a mediados de los sesenta un Ford Coupé de 1956 que pertenecía a mi tío, un fanático de los coches americanos. El ronroneo sensual y poderoso del motor V8 lo tenía grabado en la mente y en las manos. Si bien no tengo el más mínimo conocimiento de mecánica, soy consciente de que a partir de los años cincuenta y hasta fines de los sesenta, la industria automotriz de Estados Unidos produjo los coches más hermosos y potentes jamás fabricados hasta esa fecha. Fui yo quien insistió en alquilar ese modelo en el aeropuerto de Los Angeles; Arthur, mi compañero de viaje francés, no sabía nada de coches y el precio era bastante mayor al de un auto normal, pero al final lo convencí y salimos del aeropuerto como dos príncipes, con gafas de sol, sonrisas y cigarrillos entre los labios.

Ahora es de noche y conducimos a toda velocidad, embriagados de placer por una de las autovías gigantes que rodean Los Angeles. No conocemos nada de esta ciudad, pero deslumbrados descubrimos calles, boulevards y barrios reconocidos gracias a nuestra cinefilia y a nuestra pasión por el cine norteamericano: Sunset, Alameda, Broadway, Culver City, Venice. Barrios y calles míticas desfilan a través del parabrisas rutilante de nuestro V8 y se fusionan en nuestra memoria con secuencias inolvidables de Huston, Aldrich, Hitchcock, Kazan, y desde hace poco con el descubrimiento de *Mean Streets* de Martin Scorsese, pero por encima de todo, el cineasta que explica este excitante viaje a la meca del cine: John Cassavetes.

Jóvenes, irreverentes y deseosos de vivir a fondo nuestra experiencia californiana, hemos comprado en un boliche una botella de whisky discretamente envuelta en una bolsa de papel, de la que bebemos regularmente largos sorbos del dorado elixir, imitando a actores conduciendo por rutas improbables y millas infinitas, con esa sensación de libertad increíble con que el cine de Hollywood nos había hecho soñar. Las ventanas abiertas dejan entrar un viento frío a esta hora de la madrugada y los parlantes de la radiocassette a todo volumen hacen vibrar la voz de Joe Cocker en su inimitable interpretación del clásico de Los Beatles *With a Little Help from My Friends.* Detenemos el coche al borde de una ruta solitaria y con las puertas abiertas seguimos cantando eufóricos tirados de cuerpo entero sobre el pavimento hasta terminar la botella y contemplar el amanecer.

Mañana es un gran día, en la tarde tenemos cita con John Cassavetes, nuestro ídolo.

Al terminar nuestro ciclo de estudios en el IDHEC (escuela de cine en París) en el año 1976, la dirección ofreció a los estudiantes que egresaban ese año una beca excepcional para realizar un proyecto personal, relacionado con el cine obviamente. Todos los egresados de esa promoción se precipitaron para obtener la beca que les permitiría realizar soñados proyectos, pero nadie tuvo la osadía, la ambición, la desmesura, de ir a pedir a la dirección de la escuela financiamiento para viajar a Los Angeles, California, con el objetivo de entrevistar al cineasta que representaba la máxima modernidad cinematográfica en esa época y cuyas películas eran publicitadas por la cinefilia europea: John Cassavetes.

Para la dirección de la escuela nuestro proyecto era desproporcionado, demasiado caro en comparación con los de otros alumnos que presentaban proyectos más sensatos. Viaje en avión para dos personas, estadía de al menos 15 días, hotel y comidas; era demasiado. Sin decaer, decidimos tomar una decisión mayor para forzar el destino: llamar por teléfono a Cassavetes y explicarle nuestro proyecto. Arthur fue el designado para hablar (en inglés chapurreado) con el cineasta estadounidense y convencerlo sobre el interés de nuestro viaje. De más está recordar que en aquella época solo existía el teléfono fijo y el télex, ni siquiera el fax había aparecido aún.

Al cabo de cinco minutos de conversación, Arthur exultaba de alegría: Cassavetes había dado el okey para recibirnos en su productora donde estaba editando la película cuya filmación acababa de terminar, *The Killing of a Chinese Bookie,* y aceptaba la idea de darnos una entrevista filmada.

Se comprometía además a enviar un télex a la dirección del Instituto confirmando este acuerdo. Nuestro plan funcionaba de maravilla y al día siguiente, y a pesar de la cautela de la dirección, la llegada del télex de John Cassavetes a las oficinas del IDHEC convertía nuestro proyecto en un triunfo, ya que la escuela no podía rechazar la invitación oficial de uno de los más grandes cineastas de la época.

Esa misma noche con Arthur, para festejar nuestro triunfo, cenamos en un excelente restaurante del barrio latino y empezamos a preparar nuestro viaje y nuestra entrevista —que imaginábamos grandiosa— con nuestro ídolo.

Al día siguiente de aquella noche memorable por las calles de Los Angeles, y después de estacionar el rutilante V8, nos encontrábamos frente a la productora de Cassavetes. Fue él en persona quien nos abrió la puerta, con esa sonrisa tan especial, que era como la imagen de marca, el sello, de su singular carisma. Pero a pesar de la fascinación que nos producía estar allí y mientras él nos hacía conocer el inmenso local de su productora, percibimos algo extraño en su manera de ser, una suerte de tensión impalpable que irradiaba de su persona. Tuvimos confusamente la sensación de que nuestra presencia lo incomodaba. Al cabo de unos minutos nos instaló en una sala con un editor que trabajaba una secuencia de *The Killing of a Chinese Bookie* y acto seguido, desapareció. No lo volveríamos a ver nunca más. Ahí nos quedamos Arthur y yo, mirando intimidados el proceso de compaginación de la secuencia de la cual aún tengo el recuerdo persistente y mudo de una escena entre Ben Gazzara y una atractiva prostituta negra.

Deben haber pasado por lo menos dos horas cuando, de pronto, el editor se levantó, apagó la mesa de edición y nos dijo tranquilamente que su jornada de trabajo había terminado. Perplejos le preguntamos por Cassavetes y con un gesto de indiferencia nos indicó que no tenía la menor idea, que preguntáramos a la secretaria. Tomó su chaqueta del respaldo de una silla y también desapareció. Nos quedamos ahí varios minutos en silencio y fuimos a ver la secretaria, quien sin inmutarse nos dijo que Cassavetes ya no vendría, que tenía muchos problemas personales. Ante nuestra insistencia y desazón nos aconsejó llamarla al día siguiente, pero reiteró que la situación era muy difícil y, sin decir más, nos dio claramente a entender que nuestro proyecto tan soñado se terminaba ahí.

Salimos de ese fatídico lugar desmoralizados y ni siquiera la maravillosa mecánica de nuestro V8 podía consolarnos.

Durante horas recorrimos en silencio las grandes avenidas de Los Angeles y terminamos sentados en la arena frente al océano Pacífico en Venice Beach.

A pesar de la desilusión, una cosa estaba clara en nuestras mentes, y es que era imposible regresar a París con las manos vacías.

Fue en ese momento, frente a las olas, en un atardecer frío y solitario en Venice Beach, cuando surgió la idea salvadora: ¡François Truffaut!

Habíamos oído que por aquella época Truffaut venía a Los Angeles regularmente para conversar con Jean Renoir, por quien profesaba una gran admiración. Se comentaba que Truffaut tenía el proyecto de escribir un libro sobre el autor de la *Regla del juego,* cineasta cuya filmografía marcaría profundamente las mutaciones del cine en Francia antes de abrir la vía a la *Nouvelle Vague* de la que Truffaut era su máximo exponente.

Muy pronto logramos enterarnos de que Truffaut se alojaba en uno de los hoteles más emblemáticos de L.A., The Beverly Hills Hotel.

Comunicarnos con el cineasta fue mucho más simple de lo esperado y al día siguiente de la gran decepción con Cassavetes, nuestro coche avanzaba por la ruta bordeada de palmeras del mítico hotel.

Truffaut nos recibió calurosamente. Nos invitó a sentarnos en su lujosa suite y nos ofreció jugos de fruta, café, cigarrillos. Cuando le contamos nuestra aventura, su reacción fue extraordinaria e incluso hoy, cuando escribo esto y recuerdo aquel momento, no dejo de emocionarme pensando en la actitud de ese gran cineasta que ni siquiera nos conocía cuando golpeamos a su puerta. No se detuvo ni un instante en el fracaso de nuestro proyecto ni en criticar a Cassavetes; por el contrario, se dedicó a motivarnos a que aprovecháramos la suerte que teníamos de estar ahí, en el corazón del cine mundial, para ser creativos e inventar un nuevo proyecto.

—Aquí se puede hacer todo —nos dijo—, basta con tener la energía y la voluntad. Yo los puedo ayudar.

Sacó de un maletín una agenda y empezó a leer en silencio, luego levantó la mirada y nos dijo:

—Aquí está Milos Forman, un amigo que acaba de recibir el Oscar a la mejor película por *One Flew Over the Cuckoo's Nest*; su guionista Buck Henry es un tipo genial. También Robert Altmann es un buen amigo, e Isabelle Adjani llega en estos días para hacer la promoción de mi última película, *L'Histoire d'Adèle H.*, y así podemos juntar un grupo de gente interesante y ustedes hacen un reportaje en torno a Hollywood, ¿qué les parece?

No podíamos creer lo que estaba ocurriendo en ese momento, era completamente irreal, y todo dicho con una simpleza y una autenticidad desconcertante. Evidentemente le dijimos que su proposición era genial y que nuestro entusiasmo era total.

—Perfecto —nos dijo—, voy a empezar desde esta tarde a llamar a estas personas para organizar un encuentro con ustedes. Me llaman esta noche y les daré los teléfonos de todos.

Se produjo un largo silencio y Truffaut nos preguntó:

—¿Y las finanzas qué tal?

—Bueno —le contesté—, hay que alquilar una cámara, una grabadora y rollos de película… no tenemos ese dinero. Después, en París podremos hacer la posproducción con los equipos de la escuela. Nosotros pensábamos realizar una entrevista, hacer un reportaje filmado, esto es diferente —añadí.

—Y esto —nos dijo—, ¿en cuánto lo estiman ustedes?

—Alrededor de tres mil dólares —acotamos nosotros.

François Truffaut se levantó del sillón, entró a su cuarto y al cabo de un instante regresó con la suma de tres mil dólares en billetes. Sonriendo nos dijo:

—Bueno, a partir de ahora soy el productor de este reportaje y espero que los técnicos y directores que he elegido estén a la altura.

Salimos del hotel como en un sueño, levitando, con esa sensación cuando sientes como si tus pies no tocaran el suelo.

Lo sucedido en los días siguientes fue magnífico. Pudimos alquilar el material necesario y gracias a la lista de amigos y conocidos de Truffaut realizamos una serie de entrevistas a directores, autores y actores que vivían o estaban de paso por Los Angeles, donde todos nos recibieron con entusiasmo y simpatía. Fue una experiencia inolvidable.

Regresamos a París orgullosos con nuestras bobinas de film de 16mm que entregamos en la escuela para desarrollar en laboratorio. Nos instalamos en una sala de edición del IDHEC y comenzamos el proceso de compaginación de nuestro reportaje, que titulamos de manera ingenua y algo pretenciosa *Hollywood Now.*

Nuestros compañeros pasaban a ver las imágenes en la mesa de edición y descubrían incrédulos a Milos Forman, Robert Altman, Aurore Clement y al mismo François Truffaut dialogando con nosotros, y la verdad es que no podíamos evitar fanfarronear.

Al cabo de dos semanas terminamos el trabajo y fuimos felicitados por la dirección del Instituto. Como habíamos filmado a personalidades muy conocidas del cine, el documento era de gran actualidad y se nos ocurrió entonces la idea de ofrecerlo a un difusor de televisión nacional. En aquella época, 1976, existían en Francia solo tres cadenas de televisión. La más "cultural" y que tenía una emisión semanal consagrada al cine era Antena 2. Allí partimos con nuestra bobina bajo el brazo y mostramos nuestro reportaje a la responsable del programa de actualidad cinematográfica. La suerte continuaba de nuestro lado, ya que al terminar la proyección del film la responsable nos propuso entusiasta su difusión en el programa de la semana siguiente.

De más está decir que para nosotros toda esta aventura culminaba de manera extraordinaria, y además Antena 2 retribuía más que correctamente nuestro trabajo. Aún sin siquiera titularnos de la escuela, recibimos cada uno un cheque que era absolutamente inesperado.

Pero lo más insólito e increíble de esta historia sucedería unas semanas después. Uno de mis profesores del IDHEC era el gran director de fotografía Néstor Almendros, quien cierta tarde me llama por teléfono y me invita a tomar un café en el barrio latino. Allí me ofrece el puesto de asistente de cámara en la próxima película en la que él sería director de fotografía y camarógrafo, una película de François Truffaut con Jean Pierre Leaud y que cerraría la trilogía empezada con *Los 400 golpes,* toda una mitología del cine francés.

Me quedé mudo y no me atreví a contarle a Néstor la aventura que acabábamos de vivir con Truffaut, que nos había prestado dinero y ni siquiera habíamos tenido la corrección de por lo menos llamarlo para contarle lo sucedido con el reportaje.

La verdad es que me sentí mal y muy avergonzado. Feliz de entrar al mundo del cine por la puerta ancha, por un lado, y miserable por mi comportamiento con quien fuera tan generoso con nosotros.

Almendros me dijo que tenía que ir al día siguiente a la productora de Truffaut, Les Films du Carrosse, para firmar mi contrato. Aquella noche no dormí de angustia. ¿Con qué cara me presentaría ante François Truffaut? Lo único que deseaba era que él no estuviera ahí y yo firmar el contrato y salir corriendo.

Al día siguiente, en la oficina, asistentes y secretarias me recibieron con extraordinaria amabilidad y me pasaron el contrato para que lo leyera y luego lo firmara. Las condiciones eran excelentes y yo sentía una culpabilidad cada vez más grande. Por suerte, ese día no me topé con el director.

El primer día de rodaje llegó unas semanas más tarde. Filmar con Truffaut era pertenecer a una familia. La mayor parte de los técnicos, obreros y personal en general, eran los mismos desde hace años. Yo era, si no me equivoco, el único miembro nuevo del equipo que se integraba a esa familia del cine francés. Mi nerviosismo era evidente. En el decorado de aquel primer día de rodaje, Néstor Almendros me presentó al equipo, uno por uno. Al final de la fila estaba el director, que con una gran sonrisa me dio la bienvenida.

—¿Y el reportaje en Hollywood qué tal? —me preguntó.

No recuerdo qué frase incoherente balbuceé en ese momento, bastante avergonzado y delante de todo el equipo. Lo que sí recuerdo es que le dije casi susurrando que estaba muy feliz de trabajar en una película con él, y que por favor retirara el dinero que nos prestó en California de mis próximos salarios, a lo que respondió diciendo:

—Así lo haremos.

El rodaje de esa película fue un real placer, como siempre con Truffaut y en general con todos los grandes con quienes tuve la suerte de trabajar. Todos los fines de semana miraba mi ficha de salario y la suma era siempre la misma, correspondiente al contrato que había firmado. Ni un centavo menos, y así hasta el final del trabajo. El último día, en la tradicional fiesta de fin de rodaje, me acerqué a Truffaut diciéndole que al parecer había un error en contabilidad, porque nadie había retirado la famosa suma de dinero.

—Ah —me respondió con una gran sonrisa—, vamos a arreglar eso sin falta.

Nunca aquel dinero fue retirado. Mi relación con François fue siempre excelente y tuve la suerte de trabajar con él otras veces. Mi esposa fue después también la asistente de Truffaut y trabajó con él en su última película, *Vivement Dimanche*. Si la muerte no lo hubiera atrapado tan pronto, ella habría seguido siendo su asistente y yo un admirador irrestricto.

Truffaut era un ser humano de primera.

Foto de rodaje de El último Metro

Mustafá, mi amigo escultor de piedras

Tac, tac, tac, tac, tac.

Esta mañana me despierto con el golpeteo opaco y regular de un martillo rompiendo piedras. Mustafá tiene un talento increíble para trabajar las piedras y darles la forma que quiere. Ahora está construyendo un muro de piedra alrededor de una pequeña casita que tenemos al fondo del jardín. La intención es crear una separación que sirva también como jardinera y plantar allí romeros y lavandas que crecen aquí rápidos y frondosos, esparciendo sus aromas maravillosos en el verano.

Todas las terrazas de piedra, todos los muros, las columnas, la pileta e incluso la casita del fondo, son obra de este increíble escultor de piedras que es Mustafá. Nada es más fascinante que verlo sentado en el suelo rompiendo piedras y ajustando cada pedazo que sale de sus manos en el muro que está construyendo. La escena, las herramientas y los gestos son de una simplicidad absoluta, y sin ningún esfuerzo de imaginación podríamos encontrarnos en algún rincón del Mediterráneo de hace tres mil años. Me quedo mirando largo rato ese trabajo repetitivo y al mismo tiempo creativo; la rapidez de la ejecución y sobre todo la precisión entre el gesto manual y el resultado. Sin tomar medidas y confiando solamente en la justeza de su observación, la piedra tallada con dos o tres golpes de martillo por la mano de Mustafá encaja a la perfección en el lugar del muro donde ha decidido colocarla.

Lo conocí hace ya bastante tiempo cuando buscaba un trabajador para realizar una terraza rústica de piedras. Formentera ya había empezado a convertirse en la isla de moda del Mediterráneo, y conseguir un obrero competente y honesto era difícil. Tuve conversaciones con varios trabajadores para comparar presupuestos. Todos llegaban con preciosas fotos de las obras realizadas por ellos y la verdad es que no me gustaban; demasiado perfectas esas terrazas, demasiado ideales las alineaciones de las piedras, demasiado tallada la piedra, y de los precios mejor ni hablar.

Cuando llegó Mustafá en un viejo *scooter* japonés oxidado y ruidoso me quedé perplejo. Originario de los alrededores de Tánger en Marruecos, no hablaba francés y chapurreaba un castellano casi incomprensible. Observó tranquilamente las piedras que yo había acumulado con la intención de construir la terraza y se puso a caminar calculando el perímetro de la construcción. Después de reflexionar un rato me dio su precio que fue por lo menos cuatro veces inferior a los anteriores; lo único que pidió fue que lo dejara trabajar a su ritmo. Cuando regresamos a la isla en la primavera siguiente la terraza estaba terminada y era exactamente como queríamos, tan bien integrada al contexto y al paisaje que parecía estar ahí desde siempre. Mustafá trabaja de una manera bastante bruta y si uno se queda en la primera impresión podría pensar que tiene "mal gusto", pero la verdad es que esa suerte de rudeza en la ejecución de cualquier trabajo que hace produce un resultado profundamente auténtico. En la sutil imperfección hay para nosotros un rastro humano que se extiende y perdura, me atrevo incluso a evocar una presencia poética. Siempre he tenido la sensación de que lo perfecto, lo acabado está ya muerto y que en la imperfección palpita la vida; como los azulejos artesanales de nuestra sala de baño que Mustafá pegó hace años en el muro y que poseen algo misteriosamente comunicativo e intemporal.

Ahora puedo decir que somos amigos. Y aunque no le gusta hablar demasiado, con el tiempo y la confianza se ha ido poniendo más comunicativo. Mustafá se levanta muy temprano, a las cinco de la mañana en cualquier estación, y una hora después ya esta trabajando. Lo único sagrado para él no es la religión ni sus preceptos, sino la Siesta, así, con mayúscula. Al mediodía, después de sentarse en un rincón del jardín a comer frutas, quesos o aceitunas, se tiende directamente en el suelo a la sombra de la higuera y duerme como un niño por casi dos horas.

Mustafá es el octavo hijo de una familia muy pobre de la región de Tánger. Todos los hermanos —me cuenta— dormían en la misma habitación en el suelo y sin colchones porque no existían.

—Mi padre no nos dejó ir a la escuela porque teníamos que ayudarle con las labores del campo y la casa —dice Mustafá y agrega que fue el padre también quien le inculcó el hábito de levantarse muy de madrugada. Muy joven, con apenas dieciocho años, como no encontraba trabajo remunerado en su país, decidió partir al extranjero. Su periplo lo llevó hacia el oriente, Siria, Irak e incluso Afganistán, lugares donde trabajó como obrero, como peón y también como artesano aprendiendo múltiples oficios.

Nuestras conversaciones son largas y lentas. Los silencios entre una idea y otra son a veces interminables, pero no hacemos ningún esfuerzo por amoblar esos silencios; los dejamos instalarse y dilatarse naturalmente hasta el momento en que la palabra vuelve a ser una necesidad. Gracias a esa experiencia me he dado cuenta de que en la vida corriente, la mayor parte del tiempo hablamos sin decir nada. A menudo le ayudo buscando piedras en el campo, o cargando sacos de cemento o arena, y vamos hablando de política, de civilización, del mundo y sus vaivenes. A pesar de su aparente simpleza, sus juicios y observaciones son pertinentes y reflejan una gran experiencia de la vida y de la humanidad.

El año pasado le propuse que se quedara el invierno a vivir en la casita del jardín, y que a cambio se ocupara de alimentar y cuidar a mi gato. La experiencia fue un desastre porque Tigrú no quiso verlo ni en pintura. Mustafá tenía que dejarle su alimento en nuestra casa pues el gato no quería ni acercarse a él. Cuando lo llamé por teléfono desde París para saber cómo iba todo por ahí, me contestó lacónico:

—Emilio, creo que a tu gato no le gustan los árabes.

Mustafá es mi amigo.

Elogio del artesano

Fabricar un horno de barro, una cisterna, una mesa de madera. Hacer un muro de piedras hermoso como el de Mustafá, una terraza con el declive perfecto para que el agua se deslice invisible después de la lluvia. Esos gestos artesanales, cuyas raíces se funden en los túneles del tiempo, nos producen emoción y nos vinculan de manera casi inconsciente con la historia y las culturas diversas que componen nuestro planeta.

Es una de las razones por las que cada año que pasa, cada día, siento más aversión por la omnipresencia y el dominio sobre nuestras vidas de la tecnología y en particular por sus derivados, las denominadas tecnologías de la información.

La tecnología es multinacional. Sus construcciones, sus procedimientos y sus productos son los mismos en todas partes. Al suprimir las particularidades nacionales y regionales, se empobrece el mundo. A través de su avasalladora difusión multinacional, la tecnología se ha convertido en un poderoso agente de destrucción de la historia. Su carácter negativo aplana las diferencias entre las distintas culturas y estilos nacionales. El peligro de la omnipresencia tecnológica en todos los ámbitos de nuestra vida es que al acabar con la diversidad de las sociedades y culturas y crear entidades uniformes, acabará también con la historia misma.

La experiencia de la alteridad es el secreto del cambio y el secreto de la vida. La tecnología moderna ha operado transformaciones variadas y profundas, pero siempre en una misma dirección y con un mismo sentido: la eliminación del "otro", de aquel que es diferente, que piensa, hace y fabrica *de otra manera.* El único objetivo es homogeneizar el planeta y domesticar a sus habitantes.

El artesano que no se define por su nacionalidad ni por su religión sino por su oficio es uno de los pocos reductos de resistencia a la aplanadora tecnológica. Los artesanos no tienen patria, son de su aldea, de su barrio, de su familia. Los artesanos nos protegen de la unificación tecnológica y de la soledad cibernética. Al preservar las diferencias, preservan también la fecundidad de la historia.

Aljibe o cisterna en La Mola

Recuerdos de la guerra

Debe haber sido hacia el final de la Segunda Guerra Mundial, por el año 1944, me cuenta Pep esta tarde, mientras contemplamos el acantilado mirando hacia la cala Codolar.

Era la hora de la puesta de sol y estábamos con mi padre y mi abuelo trabajando en la era, cuando de pronto vimos pasar sobre nuestras cabezas volando muy bajo y haciendo un ruido terrible unos cuatro aviones de tipo bombarderos que se dirigían hacia el sur. Nos quedamos sorprendidos porque no era común ver este tipo de cosas aquí en la isla.

Horas más tarde, cuando terminábamos de cenar apareció golpeando la puerta el farero de la Mola, un gallego. Traía un farol en la mano y me dijo:

—¡Pep! ¡Pep! Se ha caído un avión delante del faro y está tirando bengalas. Es aquí abajo, en la cala Codolar. —El farero sabía que yo tenía una barca ahí en la cala y que yo era también un buen marinero que remaba bien. Salimos de casa y fuimos a buscar a otro amigo, un tal Xomeu Puig que era otro marino avezado, y fuimos los tres bajando hacia la cala.

Era ya bien de noche y en el camino vimos salir una bengala muy potente, con lo que pudimos determinar con bastante precisión el lugar donde se encontraba el naufragado. Allí en la orilla embarcamos y nos pusimos a remar.

Yo me quedé en la proa con el farol y rápidamente les dije que veía un bulto en el agua. Al acercarnos descubrimos a un hombre muy grande en una barca de goma amarilla. El avión ya se había hundido en el mar y solo quedaba alrededor de la barca una gran mancha muy negra de aceite y petróleo. Yo le grité preguntando cuántas personas había allí. Solo uno, me dijo, los otros *kaput*, e hizo un gesto con la mano como si se cortara el cuello. Acercamos la barca y yo traté de ayudarlo pero era un alemán muy grande, de no menos de dos metros y yo no podía con él, pero al final entre todos logramos meterlo a bordo. Cuando cayó dentro de la barca quedó ahí como muerto, tan cansado estaba el hombre. No tenía heridas visibles pero sus compañeros se habían hundido con el avión. Lo llevamos a tierra y lo examinamos. Cuando le preguntamos de dónde venía nos respondió:

—¡Bum bum!

Esa noche durmió en casa de Pep Xomeu, y al otro día llegó bastante gente de Ibiza y de Palma de Mallorca, soldados y autoridades. El hombre se quedó aquí en La Mola unos cuatro días para recuperarse.

Al segundo día llegó de Ibiza una barca de arrastre con buzos para sacar a los muertos del avión hundido. Me recuerdo que el pobre hombre estaba allí en el acantilado mirando fijamente la operación en el mar, y yo estaba muy cerca de él. El hombre miraba hacia el mar y lloraba. De pronto me miró un poquito de soslayo haciendo una mueca muy triste. Sacaron dos cuerpos del mar y los enterraron.

La guerra era en la costa de África, cerca de Argelia. Los otros aviones de su escuadra habían sido derribados y el avión de este alemán estaba averiado. Cuando él se dio cuenta de que no llegaría jamás a su base decidió amarizar aquí cerca del faro.

Se notaba que era un tío muy valiente y muy experimentado pues nos dijo que había participado en muchos ataques aéreos desde el comienzo de la guerra.

Al cabo de unos días y antes de que las autoridades se lo llevaran para entregarlo, supongo, a los alemanes, nos dijo:

—España y Germania, ¡camaradas!

Y era verdad, Franco estaba en el poder y España estaba aliada con Hitler en ese tiempo, pero para mí eso no contaba, nosotros fuimos a rescatarlo con la intención de salvar una vida nada más, y eso fue lo que hicimos.

Nunca nadie nos agradeció, ni nos dieron una peseta ni nada, pero cuando vi en la billetera de ese hombre las fotos de su mujer y sus hijas, me dije para mis adentros que estaba contento de haber salvado a ese hombre en ese momento, sin saber lo que había hecho ni lo que haría.

Con Pep

El amigo americano

Me viene a la memoria ahora un viaje de locaciones para un documental en Washington DC.

Es el atardecer y circulo en mi coche por el periférico que circunda la capital de Estados Unidos. La verdad es que, con la ilustre excepción del cine, conozco poco y mal este país y nunca he compartido la fascinación por él que a menudo he percibido en los de mi generación a lo largo del mundo. Sinceramente, los valores que sustentan esta nación me han sido siempre bastante ajenos, y eso muy probablemente por la conciencia que tengo del daño que han hecho en Sudamérica desde hace siglos.

Reconozco, sin embargo, que debería haberme interesado algo más por este país, aunque solo fuese para entender mejor los vínculos manchados que existen entre Chile y Estados Unidos. Hay en el fondo un desprecio profundo de mi parte hacia la arrogancia y las certidumbres que siempre observé en los estadounidenses en general.

Vine aquí esta vez con la intención de juntarme con Peter Kornbluh, un estadounidense que es el director de investigaciones en el National Security Archive. Es una persona que respeto y que lleva años realizando un trabajo de desclasificación de archivos de la CIA en torno a la intervención norteamericana que condujo al golpe de Estado en Chile. Un trabajo absolutamente gigantesco al cual Kornbluh ha consagrado gran parte de su vida.

La lluvia cae incesante y la autopista ultramoderna brilla con mil luces de colores. Me vienen a la memoria imágenes de la película de Wim Wenders que tanto me impactó en mi juventud, con Bruno Ganz y Denys Hopper *(El amigo americano)*.

Si Estados Unidos pudiera parecerse a aquella imagen que navega en la mirada de Hopper, o bien a la otra, áspera, melancólica y terriblemente humana que se dibuja en la mirada intensa de Nicholas Ray *(Nick's Movie)*, creo que me habría gustado vivir un tiempo por aquí. Pero, en el fondo, siempre supe que esa visión poética y desgarrada era la de un artista europeo y que desgraciadamente la realidad aquí era bien diferente.

A pesar de ello, todas esas imágenes me acompañan cuando me encuentro por primera vez con Peter Kornbluh. Es un hombre de unos cincuenta años, no muy alto y que irradia una gran energía vital. Se ha pasado más de la mitad de su vida buscando las pruebas irrefutables de la responsabilidad de su país en la tragedia que vivió Chile el 11 de septiembre de 1973. Su trabajo está condensado en un libro inmenso, *The Pinochet files,* una obra tremenda que aporta pruebas irrecusables en contra de la CIA, el Departamento de Estado y el Pentágono.

Kornbluh me muestra fotos y documentos desclasificados. El asesinato del general Schneider en Chile, el de Orlando Letelier aquí mismo en Washington, el del general Carlos Prats en Buenos Aires… Me expone los documentos que revelan cómo la CIA y el Departamento de Estado financiaban las huelgas que fueron poco a poco paralizando la economía de Chile en los meses que precedieron al golpe de Estado; cómo financiaron a la prensa y a los partidos políticos de oposición, y también a grupos paramilitares de extrema derecha.

Me explica que ha logrado desclasificar más del setenta por ciento de los documentos de la CIA que atañen al archivo Chile Project.

Esta parte ya es suficiente para probar de manera incontestable la complicidad de Estados Unidos en el complot contra la democracia chilena, y Kornbluh añade que el treinta por ciento aún escondido contiene los nombres de los cómplices y de las personas que participaron en aquella vasta maquinación contra la democracia chilena. Es la razón por la cual no han sido aún desclasificados.

—Más pasa el tiempo, más protegidos están los verdaderos responsables, que así tendrán una vida tranquila —me dice Kornbluh.

En la cafetería de la esquina nos sentamos a conversar más relajados. Peter me cuenta que tenía 15 años en septiembre de 1973. En Washington DC en su clase había una alumna chilena: Sofía. La adolescente desapareció repentinamente de la escuela varios días, y cuando al cabo de un tiempo regresó no paraba de llorar. Sus padres eran diplomáticos y buena parte de sus amigos y familiares estaban desaparecidos o habían muerto. Para Peter fue algo muy conmovedor que no se le borró jamás de la mente. Por esos movimientos misteriosos de la vida, Peter se reencontró años más tarde con Sofía, se amaron y se casaron y hoy tienen dos hijos. A partir de 1980, y diplomado de la carrera de Sociología, Peter ha consagrado su vida entera a conocer y mostrar toda la verdad en torno a este episodio histórico en el cual según sus propias palabras, "Estados Unidos se ensució una vez más las manos".

Lo digo y me lo repito siempre: *the human factor, le facteur humain, el factor humano:* capaz de lo peor y también de lo mejor, a veces.

La mentira

Al día siguiente me paseo por DC. Aquí todo parece límpido. Ordenada y serena, la capital de Estados Unidos es una síntesis perfecta de los elementos constitutivos de la nación americana. Debe ser la razón por la cual veo desembarcar desde autobuses que llegan de todas las regiones del país, a grupos de ciudadanos americanos cuyo objetivo no es otro que una suerte de cura de patriotismo, o un curso de educación cívica *in situ.*

Observo todo este equilibrio perfectamente graduado entre los símbolos de la justicia y la libertad individual, desde el Parlamento y sus columnas griegas a la economía liberal y sus virtudes, pasando por el Pentágono y su poderosa arquitectura, los cementerios interminables poblados de miles de cruces y banderas americanas, los centenares de monumentos erigidos a los héroes militares, y me digo que todo este equilibrio tan demasiado perfecto en la forma revela en el fondo un artificio.

Camino acompañado por el gran periodista Seymour Hersh y sentados frente a la estatua de Abraham Lincoln le hablo de mi padrastro, Augusto Olivares, para quien Hersh era el modelo absoluto del periodismo íntegro e intransigente. Hersh me dice que había oído hablar de Augusto, pero que desconocía completamente que lo esencial de su trabajo periodístico lo consagró a denunciar la intervención estadounidense en Chile.

Hersh evoca la mentira. Me dice que el principal peligro para la democracia es cuando los dirigentes libremente elegidos por el pueblo utilizan la mentira para gobernar. Me dice que los gobernantes de su país han usado demasiado la mentira para no tener que justificarse frente a su pueblo ni frente a la opinión internacional, y que él considera esto intolerable.

La voz pausada de Seymour Hersh cargada de su experiencia y clarividencia, y la vitalidad radiante de Peter Kornbluh, iluminaron ese viaje por América y así ambos se convirtieron, como en la película de Wenders, en mis amigos americanos.

Seymour Hersh

Golpes en la noche

Fue una noche de invierno. Yo había venido a pasar unos días a Formentera después de algún viaje, un rodaje, ya no me acuerdo. Como a menudo en las noches de invierno, me dormí temprano. De pronto en lo más profundo de mi sueño escuché golpes muy fuertes a la puerta de mi casa. Desperté sobresaltado. Los golpes eran cada vez más fuertes. Encendí la luz y miré la hora; dos de la madrugada. Una voz de hombre se mezclaba con las ráfagas afiladas del viento y me llamaba. Cuando abrí la puerta me encontré con Pep con una expresión de pavor en su rostro.

—Emilio, por favor, tienes que venir a casa, mi hijo se ha vuelto loco y ¡nos va a matar! ¡He llamado a la policía pero todavía no vienen!

Entre el viento desordenado y la lluvia que empezaba a caer subimos a mi coche y nos dirigimos hacia el faro. Yo tomé la precaución de coger un palo muy fuerte que tengo detrás de una puerta pues ignoraba qué podía pasar.

En el coche Pep lloraba y me contaba que su hijo menor tenía crisis psíquicas muy violentas cuando le daba por beber. Que esto duraba desde hacía ya mucho tiempo y que él y Margarita ya no sabían qué hacer. Comprendí que varias veces la Guardia Civil había venido a socorrerlos durante esas crisis, que al parecer se repetían regularmente. La familia había intervenido también numerosas veces —incluso los yernos de Pep habían utilizado la violencia física contra el hijo— pero nada ni nadie encontraba la solución a esos terribles ataques de locura.

Cuando llegamos a la casa de Pep toda iluminada, me di cuenta de que los cristales de la puerta estaban rotos. La voz del hijo desgarraba la noche con unos gritos guturales desmesurados. Entré a la casa y vi a la pobre Margarita vestida con su camisón de noche tratando de razonar con su hijo. Cuando este me vio, se acercó amenazante. Tenía los ojos inyectados de sangre y una espuma blanca le salía por la boca. Estaba como en un estado de trance. Yo me limité a hablarle tranquilamente y a pedirle que dejara de gritar pues así no podíamos hablar.

Mi único objetivo era conservar siempre la calma hasta intentar hacerlo hablar normalmente y poder intercambiar ideas. Cuando la policía llegó a la casa, eran ya como las tres de la madrugada y el hijo estaba sentado y tranquilo. Lo único que repetía de manera obsesiva era que su padre le había hecho mucho daño en su vida:

—Este hijo de puta me ha hecho mucho daño, Emilio, tú no puedes comprender, ¡tú no sabes nada! —me decía sin parar, hasta romper en lágrimas.

Cuando el girofaro del auto de la Guardia Civil relampagueó en la noche, el hijo tuvo miedo y se fue a esconder en su habitación. Visiblemente, los policías conocían la escena y me explicaron que mientras los padres no hicieran una denuncia clara y oficial, ellos no podían hacer nada, absolutamente nada. Con una denuncia oficial se lo podrían llevar a la cárcel e incluso hospitalizarlo en una clínica psiquiátrica.

—¡Es a causa de mi mujer! —gritó Pep—. Es ella la que no me deja hacer la denuncia. Por mí este cabrón estaría hospitalizado hace tiempo. Pero ella me amenaza que si yo hago una denuncia, ella se tira por el acantilado.

Me quedé esa noche con ellos después de que la policía se fue. Los dos pobres ancianos extenuados y con las miradas en el vacío.

Volví a casa muy tarde, casi al amanecer. Tenía mucho frío y me cubrí el cuerpo con una frazada y puse la cafetera al fuego. Cientos de imágenes se entrecruzaban en mi mente y miraba por la ventana las gotas de lluvia golpeando los cristales que el haz de luz del faro hacía brillar como diamantes. El carrusel gigantesco de la casa de luz se ponía en movimiento proyectando en el cielo imágenes dolorosas.

Los lazos que me unen a Pep y Margarita desde hace tantos años son plenos de armonía, suavidad, dulzura y de pronto surge este insólito episodio de violencia que abre una puerta desconocida; un corredor largo y obscuro por el que circulan los personajes de esta familia con máscaras dramáticas. Siento una gran tristeza por mis dos queridos amigos y percibo que la tragedia que llevan con el hijo dura ya desde hace mucho tiempo. Las palabras que el hijo me gritó en medio de su crisis me siguen dando vueltas en la cabeza. ¿Cuál es la responsabilidad de Pep en el drama que vive su único hijo? ¿Será posible que mi encantador y sabio amigo de casi un siglo de existencia haya sido un padre violento? Conociendo a Margarita tengo la certeza de que si Pep hiciera internar a la fuerza a su hijo ella llevaría a cabo su amenaza de tirarse por el acantilado. Estas y otras preguntas me asaltan y me inquietan y ahora sé que nunca tendré una respuesta. Pep es muy viejo y Margarita también, y no voy a comenzar a investigar y a recorrer los laberintos sombríos de sus vidas.

Al mismo tiempo, me consuela que Pep haya tenido la confianza de venir a buscarme a mí en pleno drama íntimo para ayudarlos. Una vez más me sacude ese arduo sentimiento de que la vida es una realidad extraña.

Un lago ensangrentado

El drama familiar de Pep y Margarita me hace pasar noches de insomnio. Ahora está amaneciendo en La Mola y el faro con su carrusel celeste proyecta una imagen apacible de un lago misterioso plagado de árboles muertos. Una embarcación primitiva se desliza por el agua verdosa. Un hombre va remando.

El hombre que rema es un indio mapuche joven, se llama Camilo. Tiene los rasgos característicos de esta etnia que poblaba el sur de Chile cuando los conquistadores españoles llegaron a Suramérica. De estatura media, piel oscura, ojos negros, cuello y manos muy fuertes. Atrás en la barca vamos sentados yo y Hernán, mi asistente. Estamos en el año 1986 y en esos tiempos la dictadura de Pinochet, sintiendo los vientos de cambio, se ha tornado particularmente violenta.

Estoy en este lago maravilloso y perdido en la cordillera más sublime y solitaria que se pueda imaginar, haciendo locaciones para el próximo rodaje de mi primer largometraje de ficción.

Después de casi un día conduciendo por una ruta improbable llegamos a la ribera del lago Pellaifa. La frontera con Argentina no esta lejos de aquí. En el guion que escribí y que era largamente autobiográfico, el personaje principal, Mateo Elorduy, se vengaba y asesinaba a un abogado corrupto que había usurpado los bienes de mi familia. Perseguido por la policía y los esbirros del dictador, Mateo huía con un amor de juventud y se escondían en el sur patagónico buscando un pasaje hacia Argentina.

El lago Pellaifa era el lugar soñado para filmar esta secuencia que sería el final de la película y que yo ambicionaba de un romanticismo lunar. El lugar es increíble, de una inquietante belleza, y el silencio y la soledad absoluta le otorgan una atmósfera mitológica. Caminando, o más bien rampando por los bordes del lago, escuchamos a lo lejos el ruido reconocible de un hacha cortando leña; guiándonos por el sonido descubrimos una pequeña casucha de madera donde vivía Camilo con su mujer y su hijo. Después de palabrear unos minutos contratamos a Camilo para que en su bote de madera nos llevara a conocer el lago y en especial una isla que se encuentra en el medio.

Pocas veces he visto a alguien remar con tal intensidad y casi sin esfuerzo. La barca avanzaba sigilosa y rápidamente. Las manos agarradas a los remos como dos tenazas de hierro están agrietadas por el frío y el esfuerzo. Ya me había percatado de que nuestro remero no era muy afable, nada comunicativo y jamás vi una sonrisa en su rostro. Sin embargo, algo poco definible en su manera de ser me hacía sentir confianza en él.

En aquella época alguna información teníamos en relación con la llamada Operación Retorno, que fue la respuesta estratégica del Movimiento de Izquierda Revolucionaria (MIR) contra la dictadura y que se debía materializar a través de la creación de focos de resistencia armada a lo largo del país.

La primera zona elegida para crear un foco de guerrilla había sido la región de Neltume, al sur de Chile, no muy lejos del lugar donde navegábamos.

De vez en cuando yo le hacía preguntas a Camilo de diversa índole, sobre su vida, su familia y también sobre cuestiones más políticas, como la manera en que se había vivido en esta región el golpe de Estado en 1973 y las consecuencias para sus habitantes. El barquero remaba impasible sin manifestar ninguna emoción.

De repente Camilo empezó a hablar en un tono monocorde, describiendo escenas de combate, de muerte, de tortura. Hablaba de la sangre que corría por los ríos y que desembocaba en el lago, de los gritos de los heridos, de la traición de la que el pueblo mapuche era víctima desde hace siglos, y su mirada fija hacia adelante y el ritmo de los remos penetrando silenciosos el agua transparente.

En medio de ese decorado fabuloso, su soliloquio era hermoso y con mi asistente escuchábamos y vivíamos la escena como si estuviéramos en el centro de un teatro monumental en el que se interpretaba una obra única, cuyo texto desgarrador e intensamente poético hacía vibrar la naturaleza a nuestro alrededor.

Era evidente que Camilo no había hablado nunca antes de aquellos terribles momentos vividos algunos años atrás y que por alguna misteriosa razón elegía este instante con dos desconocidos para entregar su testimonio estremecedor:

—Yo corría por el agua entremedio de cadáveres buscando a mi hermano, los militares que nos perseguían eran cientos, miles, con ametralladoras y helicópteros. Mi hermano estaba muerto en un pozo repleto de lodo. Yo me acurruqué junto a él y me quedé ahí sin moverme, temblando, toda una noche.

Camilo dejó de remar y con calma subió los remos a bordo. La barca se puso a girar lentamente movida por una brisa ligera. Nadie dijo nada durante un largo momento. El mapuche puso sus manos alrededor de su cabeza, luego se dio vuelta y nos miró fijamente, sus ojos azabache brillaban y en ellos se reflejaban las nubes negras que anunciaban la lluvia.

Varios años más tarde supimos que en ese olvidado territorio interior, entre junio y octubre de 1981 se produjeron hechos políticos y sociales que fueron una réplica de la mayor catástrofe chilena del siglo xx. Los enfrentamientos entre militares aguerridos y guerrilleros mal entrenados, entre ellos muchos mapuche de la zona, dejaron un saldo terrible de más de ochenta muertos. Camilo, joven mapuche rebelde, fue actor y testigo de aquella masacre.

La lluvia en el sur de Chile

Quien no conoce el bosque chileno, no conoce este planeta.
De aquellas tierras,
de aquel barro, de aquel silencio, he salido yo a andar,
a cantar por el mundo.

Pablo Neruda

Desembarcamos en medio de una tormenta de viento y agua que no imaginaba que pudiera existir. El agua fría corría por el cuello, se filtraba por la espalda, las axilas, las nalgas, las piernas. Los zapatos inundados no protegían y era como caminar en el agua. Sacamos el bote a la orilla y caminamos empapados unos cientos de metros que me parecieron interminables. La lluvia caía con tal intensidad que casi no veíamos a un metro de distancia. Camilo iba adelante y nosotros lo seguíamos sin perderlo de vista. Cuando llegamos al lugar donde habíamos dejado el coche, vimos que las ruedas estaban sumergidas en una espesa capa de lodo. Era imposible moverlo. Camilo nos propuso venir a su casa; adentro había fuego, podríamos secar nuestra ropa, comer alguna cosa y tomar un mate caliente, nos dijo lacónico.

Entramos en esa pequeña cabaña de madera y fue como entrar en un cuento de hadas. Esos cuentos que nuestras abuelas nos leían antes de dormir cuando éramos niños y que te reconfortan, te protegen y te hacen sentir parte de un mundo cálido y armonioso donde nada malo puede suceder.

Al interior, había olor a humo y a pan caliente. Nos sacamos nuestra ropa mojada y la pusimos a secar frente a la estufa de leña y Camilo nos pasó unos ponchos de lana; uno negro con grecas blancas y uno rojo también con grecas blancas. Nos sentamos en el suelo cerca del fuego y nos quedamos en silencio largo rato, como si fuéramos parte de una ceremonia ritual. La intensidad de lo que habíamos vivido en esas últimas horas permanecía en nuestras mentes y era difícil encontrar el equilibrio, hacer la síntesis de lo vivido.

Rosa, su mujer, rompió el hechizo cuando nos pasó la calabaza del mate para que fuéramos bebiendo mientras ella nos preparaba unos huevos fritos. Esos huevos cuya yema de color naranja y su sabor eximio no he olvidado nunca.

Hernán se durmió luego de comer y beber mate. Rosa y el pequeño se acurrucaron en un rincón y yo empecé a contarle a mi anfitrión el tipo de historia que quería construir con mi película. Es muy probable que en aquel tiempo Camilo no hubiera visto ni siquiera una película en una sala de cine, y la televisión era en su vida un artefacto improbable. Igual empecé a contarle escenas del guion que estaba escribiendo y que narraba mi regreso a Chile tras doce años de ausencia. Había seguramente mucha intensidad en la manera en que yo le contaba cómo los acontecimientos históricos se transformaban en un guion cinematográfico, y mi interlocutor escuchaba con especial interés.

Yo construía una narración mezclando momentos de mi vida real con elementos de ficción y le explicaba cómo el golpe militar había destruido nuestras vidas. Le confesé que el encuentro con él en este día y lo que habíamos vivido hace unas horas y lo que estábamos viviendo en ese instante era algo muy importante para mí, y que su historia formaría necesariamente parte de la película que estaba escribiendo. Y me aparecía como una evidencia ahora que el encuentro fortuito con Camilo en la ribera del lago Pellaifa representaba el eslabón perdido en la cadena de acontecimientos de mi vida, la cual se había roto el 11 de septiembre de 1973.

Camilo me habló de sus antepasados y de las humillaciones que han sufrido desde hace siglos por parte del Estado chileno, que les negó la existencia y los ha tratado siempre peor que a una tropilla de animales.

Como los gobernantes de este país nos han considerado desde siempre con el mayor desprecio, no tuvieron reparos en quitarnos nuestras tierras, nos han explotado sin vergüenza y destruido nuestra cultura sin ni siquiera reconocer que fue nuestro pueblo, los hijos profundos de esta tierra, quienes lucharon hasta el final contra los invasores españoles.

Mis abuelos me contaban cuando yo era niño que los empresarios madereros llegaban a sus tierras, a sus bosques, a sus ríos y a sus lagos, y los obligaban a irse a otra parte. Les mostraban papeles y les decían que estas tierras no les pertenecían y que debían buscar otro lugar para vivir.

Los pobres viejos ni siquiera comprendían el castellano y aunque opusieran alguna resistencia, al final terminaban por partir sin siquiera entender lo que sucedía. Les pasó lo mismo a mis bisabuelos. En la región en que ellos vivían el gobierno de Chile hizo venir a miles de colonos desde Alemania. Los gobernantes decían que los indios eran flojos, sucios, ignorantes, de raza inferior; había que mejorar la raza, afirmaban, y traer blancos, rubios, sanos y trabajadores que harían de Chile en el futuro un país grande y próspero.

Nuestra comunidad mapuche se fue convirtiendo progresivamente en paria de la sociedad chilena y desde el siglo XIX hemos vivido un verdadero exilio interior.

Los alemanes que llegaron aquí como colonos nos trataban casi peor que los propios chilenos y durante la Guerra Mundial los colonos alemanes apoyaban el nazismo, igual que gran parte de las autoridades chilenas de aquella época. Esa misma comunidad apoyó sin ningún tipo de límites el golpe de Estado y el advenimiento de la dictadura militar, peor aún, muchos alemanes fueron cómplices de delaciones, torturas y asesinatos contra aquellos que se opusieron a la dictadura.

Mi abuelo me contaba que al final de la guerra, por ahí por el año 1945, muchos soldados alemanes que habían escapado de Europa en medio de la debacle final, vinieron a instalarse en estas regiones perdidas, en Argentina y en Chile. Él fue testigo de lo vivido por un soldado alemán que fue lanzado en paracaídas una noche cerca del lago Panguipulli, no muy lejos de aquí. El hombre se quedó atrapado entre las ramas de una gigantesca araucaria y sobrevivió allí durante varios días hasta que un hermano de mi abuelo lo encontró agonizando y con la ayuda de algunos otros lo sacaron de esa trampa. Dicen que no hablaba ni una palabra de castellano.

Ese mismo alemán del que te hablo vive ahora en una inmensa propiedad al borde del lago Caburgua. Nadie sabe cómo la adquirió legalmente, solo unos pocos años después de caer en el paracaídas. Tiene animales, peones que trabajan para él, varios hijos de un matrimonio con una chilena, todo un potentado. Cuando algún mapuche tiene la mala idea de pasar cerca de sus tierras, el alemán les echa una manada de perros feroces.

Camilo se levantó y abrió la puerta para ir a buscar leña para el fuego que se debilitaba. Una bocanada de viento helado penetró certera en la habitación por la puerta entreabierta y Camilo desapareció de mi vista.

No sé cuánto tiempo habrá pasado, ni siquiera sé en qué momento regresó al interior. Agotado, me dormí en pocos minutos.

El sueño

Esa noche tuve un sueño que era el recuerdo de una escena vivida en 1970, en un viaje que hice con mi hermana y su marido hacia el sur de Chile.

Habíamos instalado nuestra modesta tienda de campaña en una lengua de arena al borde del lago Caburgua. El lugar era hermoso, con una vegetación desbordante de vida y el lago de aguas transparentes a nuestros pies. En ese tiempo no existía en el perímetro de este maravilloso lago ni una sola construcción, a diferencia de hoy en día en que se ha convertido en el lugar de veraneo de las familias pudientes de Chile.

Recuerdo que antes de acostarnos se levantó un viento muy fuerte. Logramos dormirnos a pesar de las ráfagas que hacían temblar la estructura de la carpa con un ruido inquietante.

En las primeras horas del amanecer sentimos alrededor de nuestra frágil habitación de tela unos ladridos feroces y los gritos de un hombre que ostensiblemente estaba profiriendo amenazas. Con cautela y miedo abrí el cierre de la tienda y me encontré de frente con dos enormes perros negros con las fauces humeantes y mostrando sus colmillos brillantes a la luz del alba. Los dos mastines eran mantenidos a muy corta distancia de nosotros por una cuerda que sujetaba un hombre grande que escupía amenazas hacia nosotros en un castellano casi incomprensible. Ese pedazo del lago le pertenecía y no aceptaba que nadie viniera a ensuciar su propiedad. Esas palabras usó, "ensuciar mi propiedad", nunca lo he olvidado. El viento azotaba cada vez con más fuerza y nuestra carpa ya casi se había desmembrado. La última imagen que tengo es la de mi hermana intentando vestirse sin despegar su mirada inquieta de la acción. Los ojos desorbitados de aquel amenazante y aterrador personaje con sus perros iracundos otorgaban a la escena una atmósfera diabólica.

Ya no recuerdo con precisión cómo logramos salirnos de las garras de aquel teutón desbocado y de los colmillos de los mastines, pero fue de noche y trastabillando en medio del lodo logramos escapar de aquel escenario aterrador. Cuando horas después, agotados y hambrientos, alcanzamos las primeras habitaciones en un pueblo empolvado, supimos que el misterioso habitante de la ribera del lago era un militar alemán instalado en esa región desde los años cincuenta y reputado y temido por su cólera legendaria.

Me pregunto y me he preguntado muchas veces si sería el mismo y detestable personaje al que hacía alusión Camilo aquella memorable noche en su cabaña olvidada.

Nunca más volví a saber de Camilo. Las nubes del tiempo van borrando poco a poco los momentos de una vida, pero aquel encuentro misterioso en el lago perdido ha quedado incrustado en mi memoria.

La vida de Margarita se apaga

La llamada telefónica de Rita, la hija de Pep, su voz inundada en lágrimas, fue algo desgarrador e inesperado: Margarita ha muerto esta noche.

Solo atiné a salir a la terraza y mirar desde lejos la casa de Pep y Margarita apenas visible en la penumbra invernal.

Esta noche la casa de luz está de luto. La oscuridad es total. Incluso cerrando los párpados ni una rendija de luz ilumina mis ojos. Me tiendo en una hamaca húmeda en la terraza y me cubro con una manta de lana con grecas rojas y blancas, un poncho mapuche que mi madre me trajo de Chile en 1974 y que el presidente Allende le había regalado a mi padrastro una noche fría del septiembre sangriento chileno, cuando en la casa de Tomás Moro el presidente y sus fieles amigos esperaban el desenlace final.

El poncho de grecas rojas y blancas entibia mi cuerpo en esta noche gris y una vez más la magia incandescente de la memoria pone en marcha el carrusel luminoso donde las imágenes de Margarita cobran vida incrustadas entre las nubes y las estrellas que se dispersan en el cielo. Allí aparecen la sonrisa discreta y generosa de la mujer de esas tierras lunares, sus manos toscas y delicadas amasando la harina y el agua con una intensidad sin esfuerzo, una intensidad poética, una destreza milenaria, y otra vez las hábiles manos hilando la lana de sus ovejas como cuando la filmé hace años, siglos quizás, y yo comentaba en el documental que sus gestos tenían el olor, el color, el sabor de un tiempo desconocido en el cual la complejidad de los gestos manuales era la riqueza infinita, un abanico de movimientos de belleza y armonía.

Así la recordaré siempre: en belleza, en dulzura y entrega.

La gigantesca madeja de lana se desgrana por entre las nubes y las estrellas hasta dispersarse en volutas níveas por la tierra vecina, donde un grupo de ovejas pasta apacible.

Me desperté con la llovizna y la humedad. Me metí en la cama temblando de frío y me dormí enroscándome sobre mí mismo.

Durante el resto de la noche se me aparecieron en sueños nuestra perra amada Yucca y el maravilloso Litchi, un gato blanco y oloroso como la fruta homónima: los dos habían muerto poco antes en accidentes lamentables que no quiero evocar. A pesar de la tristeza de verlos, sus presencias eran alegres, cómicas y contagiosas y así, a pesar de todo, esa noche fue tranquila.

En el minúsculo cementerio de La Mola nos arrodillamos frente a la tierra fresca de la nueva sepultura y pusimos una flor amarilla sacada de un cactus en el camino.

Más tarde pasé a buscar a Pep y me pidió que lo llevara en mi coche al embarcadero del Pou des Verro, el lugar donde tenía su barca.

Cuando el viejo ya no tuvo más fuerzas para salir a pescar vendió su embarcadero, la barca y el motor. En este lugar que fue su espacio de felicidad ahora viene solo a mirar el mar, a recordar. Pasa largas horas aquí. La muerte de Margarita ha hecho surgir en él una melancolía que no había sospechado nunca en él.

Ahí, mirando juntos el mar nos quedamos callados, en un silencio largo que rompe regularmente el discreto crepitar del oleaje que se estrella contra las rocas.

Unas gaviotas alegres juguetean en el cielo y una pareja de cormoranes estira sus alas en el roquerío frente a nosotros.

Pep me dice que lamenta mucho no haber venido conmigo a Chile cuando era más joven. Me quedo de hielo pues no esperaba un comentario así en este momento, lo miro fijamente. Pep sigue mirando el mar con sus ojos ausentes y me dice que ahora está muy viejo para viajar y que cuando yo le propuse venir conmigo a descubrir mi país de nacimiento él pensó que ya habría tiempo para aquel viaje, pero ahora se daba definitivamente cuenta de que el tiempo siempre está contado y que las decisiones hay que tomarlas en el momento preciso.

—Margarita ya no está, ahora sí podríamos viajar —me dice—. Dinero tengo y de sobra, pero me falta energía, te das cuenta qué injusta es la vida.

Yo no hago ningún comentario y ahí nos quedamos mirando el mar y la espuma amarilla que produce el golpetear de las olas sobre las rocas y el eco de los gritos estridentes de las gaviotas anunciando el final del día.

Yo le digo a Pep que me quiero tirar al agua ahora, el viejo esboza una sonrisa y me dice que es muy tarde y hace frío. Pep tiene 99 años, conoce el mar y sus secretos como nadie; ha navegado en todo tipo de embarcaciones, enfrentado lluvias y tormentas, vientos y mareas, y no sabe nadar. Me saco la ropa y me lanzo sin dudar al mar, el agua está fría pero me siento bien, hay un poco de oleaje y me dejo flotar en el agua oscura, la noche empieza a caer sobre el embarcadero. Pep se ríe, sus ojos se iluminan.

La caverna prehistórica y el abismo

Los acantilados abismales de La Mola son extraordinarios. Con el tiempo hemos ido descubriendo, con mi mujer, una variedad increíble de caminos y senderos que los bordean desde la altura, y nuestro perro, el tierno León que sustituyó a la Yucca en nuestras vidas, no puede ser más feliz que cuando damos esos paseos, que suelen durar varias horas y en los que a menudo ve surgir de entre los matorrales conejos o perdices que lo enloquecen.

La visión del mar desde las alturas nos produce una sensación especial, muy diferente a la del enfrentamiento con el mar en una playa. Desde la altura, la percepción de la naturaleza y la aprehensión del paisaje son más sutiles y la distancia induce una cierta profundidad en la mirada, el paisaje deviene más complejo y las informaciones recibidas son más variadas. Tengo así la sensación de que el alejamiento permite al pensamiento organizarse sin la precipitación a veces brutal del cara a cara.

Las primeras caminatas por esos senderos las hice con Pep, que me iniciaba en los misterios de La Mola haciéndome descubrir calas insospechadas, cuevas inaccesibles y construcciones centenarias.

En una de esas caminatas me enseñó los miradores de la isla de Formentera, construidos hace siglos como un medio de defensa frente a las invasiones extranjeras. Visitando esos miradores, Pep me contaba que su abuelo narraba historias de la época en que navegantes provenientes de África del norte asolaban la isla para robar alimentos, utensilios, animales, y que muy a menudo se llevaban también a las mujeres que les apetecían.

Cuando desde los miradores construidos en puntos estratégicos el vigía observaba la eventual llegada de una embarcación sospechosa, daba la alerta y las personas de mayor edad de cada familia partían con las mujeres y los niños a esconderse en las cuevas al borde de los acantilados. Los viejos llevaban comida, agua y coberturas para pasar allí escondidos el tiempo que fuese necesario. Es posible imaginar el terror que producía a los pacíficos habitantes de la isla la llegada de esos inquietantes invasores.

Las cuevas de Formentera son fascinantes, bellas, profundas.

Descubrí las primeras cavernas de la isla a través de la pintura de mi amigo Antonio Taulé. En su hermosa casa frente al Estany Pudent, Antonio y Leticia tenían en el salón principal un cuadro de proporciones que representaba una caverna.

El cuadro era fascinante por su misterio, y los diferentes niveles de luminosidad le daban una profundidad casi mitológica. Observándolo con atención, se tenía la sensación de realmente estar al interior de la caverna, protegido por las diferentes capas densas de la pintura y teniendo al fondo el punto luminoso de la luz exterior que nos conectaba con el mundo, con la esperanza y con la vida.

Antonio tuvo un período en el cual pintó decenas de cavernas, todas diferentes, en una suerte de reflexión pictórica magistral en torno al tema de la proyección de la luz, las sombras y la obscuridad. Inevitablemente, la alegoría de la caverna de Platón está presente aquí bajo la forma de una metáfora que ilustra nuestra situación en el mundo: contamos con aquello que podemos presenciar usando nuestros sentidos, pero nos resulta difícil dar con la verdad de las cosas. En la magnífica película *The Matrix* en que los humanos se hallan atrapados en una simulación del mundo real por computadoras, el mito de la caverna se hace muy presente. Los protagonistas buscan despertar a la humanidad de ese mundo ficticio y conducirla a la realidad, por horrible que sea, para continuar la lucha contra las máquinas.

Varias veces recorrí con Antonio las cavernas en Formentera, desde las alturas de La Mola hasta el borde del mar, e incluso algunas maravillosas, accesibles únicamente después de zambullirse en el mar.

Pep me contó alguna vez que durante la guerra se pasaba mucha hambre en la isla. Él tendría alrededor de 17 años en esos tiempos y para ayudar al sustento de la familia se iba a los acantilados a cazar virots.

El virot es un ave endémica del Mediterráneo cuya población nidifica en las Islas Baleares y que está hoy en día en grave peligro de extinción. Esta ave es muy ágil en el agua y en el vuelo, pero en el suelo es muy torpe. Los adultos anidan en las grietas y cuevas de los acantilados; acceder a ellos es muy difícil y sumamente peligroso. Pep me decía que varios amigos de juventud se cayeron en su afán de alcanzar un nido de virots y murieron reventados al fondo del temible acantilado.

En el periódico aparece hoy una información sorprendente. En una de las cavernas de La Mola, un grupo de arqueólogos ha descubierto los restos de una mujer de la Edad de Bronce, de alrededor del año 1800 antes de Cristo.

La cueva donde se encontraron los restos se sitúa en un acantilado de La Mola que los científicos han nombrado con el número 127. Un arqueólogo comenta:

> Sabemos que es una mujer por las dimensiones de la clavícula, hemos podido establecer las enfermedades que sufría esta mujer a causa del hambre y la fractura en un pie, que revela una vida complicada en cuanto a movilidad. Su columna vertebral da muestras de sufrir una impresionante artrosis en la espalda a los treinta años, lo que relacionamos con una actividad de molienda al estar agachada durante muchas horas.

Me pregunto si habré pasado por esa cueva en alguno de mis innumerables paseos con mi querida perra Yucca. A ella le encantaban las cuevas y tenía una habilidad extraordinaria para encontrarlas y penetrar incluso en aquellas de acceso complicado.

Las cavernas conservan tesoros, y los filósofos y los artistas son a veces capaces de imaginar y entender los significados.

Formentera, si la miras a fondo, fuera de las banalidades que el turismo trae consigo, es como un mundo en miniatura. Toda la miseria y la gloria de la humanidad resumida en una franja de tierra de veinte kilómetros de largo.

Pep ya no vive aquí

Pasar frente a la casa de Pep y Margarita nos da tristeza. Desde hace varias semanas, la casa está cerrada. Ningún signo de vida alrededor de ese lugar que antes estaba siempre rodeado de ovejas pastando, de gatos, conejos y gallinas.

Después de la muerte de Margarita Pep se ha mudado a la casa de su hija Rita. Me dice que le es difícil no vivir en su casa, pero que Rita es una buena hija y le da todo lo necesario.

Este verano Pep cumplió cien años. Creo que no deben ser muchas las personas que tienen el privilegio de festejar a un amigo que cumple un siglo de vida. Aunque está muy cansado, igual lo convencí de venir conmigo esta noche para ver un concierto de rock en La Mola. A pesar de la música estridente y muy alejada de su sensibilidad, lo vi contento esa noche. Sentado a mi lado, me miraba y sonreía. Había en su rostro un candor, una inocencia preciosa. Parecía un niño. No habló casi nada, solo recuerdo que en algún momento me comentó, con su picardía natural, que la cantante era muy atractiva, muy guapa.

Al final del concierto lo acompañé a su casa en mi coche. Tuve en esos momentos la certeza de que le quedaba poca vida y no olvidé sus palabras al despedirse:

—Emilio, el tiempo que me quede prefiero pasarlo aquí. Siempre he pensado que lo peor para un viejo debe ser ver cómo desaparece el mundo conocido. No quisiera que a mí me pase eso.

Al día siguiente en la mañana, fuimos con mi mujer a bañarnos en el embarcadero de Pep. No había nadie en ese rincón mágico, donde tantas veces vine con el viejo a conversar, a preparar los anzuelos y las carnadas antes de salir a pescar. El mismo lugar donde hace mucho tiempo salvamos a la familia gatuna de Tigrú y sus hermanos. Y por encima de todo, fuimos a rememorar el placer maravilloso y permanente de bañarnos desnudos en este mar cuya placidez, temperatura y transparencia lo aproximan a la perfección. Cuántas veces nos bañamos y tomamos sol desnudos aquí, mientras los payeses preparaban en familia las paellas dominicales en los embarcaderos adyacentes, a pocos metros de nosotros. Nos saludaban amables, sin emitir un comentario o un gesto de desaprobación frente a estos turistas irreverentes. Así era la gente de Formentera, de una tolerancia maravillosa frente al extranjero, al que era diferente. La llegada masiva de turistas estos últimos años, especialmente de Italia, ha cambiado profundamente el panorama. Probablemente por una moral católica muy arraigada en sus costumbres, para los italianos la desnudez es una ofensa a las buenas maneras. Insidiosamente nos hemos ido autocensurando, y ahora en los veranos ya casi no se ve gente desnuda en las playas de la isla.

Con todas esas sensaciones navegando en nuestras memorias, Rosine y yo nadamos y buceamos durante horas ese día, sin hablar.

Incluso las caminatas sin límites con León, por los senderos de la isla, han perdido el sabor de antaño. Algo indefinido se ha perdido en el túnel del tiempo. Para colmo de la decepción, este último verano descubrimos boquiabiertos que en el pueblo de San Francisco una tienda Channel abrió sus puertas. ¿El próximo año será Dior? ¿Gucci? ¿Vuitton?

Esos cambios brutales me hacen pensar en el pueblo de pescadores que fue Saint Tropez hace sesenta años y en lo que se ha convertido hoy.

Como lo dije en algún momento de este relato, con mi mujer nos habíamos hecho la promesa de irnos de la isla cuando nuestros amigos se fueran quedando en el camino. Y así fue.

Este verano decidimos vender nuestra casa.

La última noche

La última noche en Can Jaume fue un día de febrero del cual no quiero acordarme. Hacía frío y una gran humedad. La casa estaba completamente vacía. Habíamos regalado y vendido prácticamente todos los muebles. Quedaba solo nuestra cama aislada en medio de la pieza. Yo hice un fuego en la estufa de leña del salón. Rosine se acostó casi vestida pues con la casa vacía la estufa no calentaba lo suficiente, o bien, era la sensación de abandono del lugar lo que nos helaba el alma.

Ni un cuadro, ni un afiche en los muros, ni una foto, ni una silla... Salí al exterior cubierto con mi espeso abrigo de invierno y caminé por el jardín con mi linterna. Esa noche había una hermosa luna menguante que se perfilaba en la obscuridad y corría algo de viento.

Me detuve en el cementerio de los animales y me quedé ahí, sentado entre las piedras. Recogí la escultura de Cristo encontrada en el ataúd de mi padrastro y la metí en el bolsillo de mi abrigo. Pensar que dejaría los restos de todos los animales allí, en ese jardín encantado, me invadió de melancolía. Pero, sin ningún misticismo y como una forma de consuelo, me dije que el Cristo oxidado, que ya había pasado cuarenta años en el ataúd con Augusto, y ahora más de doce al sol acompañando los restos de nuestras mascotas, debería conservar aún algunas buenas vibraciones de esas vivencias, de esos misterios compartidos.

La persona que compró la casa me había dicho claramente que contrataría a un diseñador italiano para pensar una reforma integral de la vivienda. No era tan difícil imaginar en lo que Can Jaume se transformaría. Seguramente harían una piscina pues el sitio se presta para ello, y de mi pequeño mausoleo animal no quedaría nada. Una piscina híper moderna, tumbonas para tomar sol y turistas de lujo en busca de sol y descanso.

Me levanté y caminé unos instantes a ciegas por el jardín. La luz del faro iluminaba irregularmente mis pasos. Me detuve junto a la higuera antigua, ahora sin hojas. Sus ramas grises y secas del invierno otorgaban a su silueta nocturna una imagen espectral. Calculé sin mayor esfuerzo que ella también tendría casi cien años como Pep y sonreí en silencio imaginando el tronco de la higuera transformado en el cuerpo de mi viejo amigo, su rostro risueño apareciendo entre las ramas. Apoyado entonces en el tronco, me puse a mirar el faro. A mirarlo intensamente para establecer un contacto, penetrar el encantamiento, descifrar el hechizo del tiempo. Intentaba dialogar con él como tantas veces otrora, observar en sus destellos nocturnos chocando contra las nubes un significado. Buscando, como en aquellas bolas mágicas de los cuentos infantiles, una premonición, un presagio de lo que vendría, ahora que abandonaba largos años en su compañía. No hubo respuesta alguna. El faro siguió silencioso e imperturbable su movimiento circular.

Haciéndome todo tipo de preguntas regresé al dormitorio sin hacer ruido. Rosine no dormía y tiritaba de frío todavía. Esbozó una sonrisa inquieta. Yo me saqué los zapatos y el abrigo y me metí en la cama sin dilación. Nos abrazamos y nos quedamos en silencio. Al poco rato Tigrú saltó de pronto encima de la cama y se puso a ronronear y a pasear su nariz helada sobre nuestros rostros. Nos reímos y León, acostado al pie de la cama, empezó a manifestar su impaciencia y sus celos de ver al gato con nosotros y pidió también subir a la cama.

Obviamente así fue y terminamos los cuatro durmiendo juntos, entrelazados y sin frío.

Al día siguiente, con perro, gato y cargados de maletas, tomábamos el ferry que nos llevaría a Valencia. Una nueva aventura empezaba para nosotros.

Una foto

Hace unos meses, recibí en París esta foto que acompañaba un artículo de un periódico chileno. Me la envió un amigo desde Chile.

En la imagen aparece Gabriel Boric, en aquel momento candidato de las fuerzas progresistas y hoy presidente de Chile.

Con 36 años, el más joven presidente que Chile haya tenido nunca, y que además ganó la elección con un avasallador 56% de los votos frente al candidato de extrema derecha.

En la foto Boric escribe en una máquina de escribir mecánica de mediados del siglo pasado. Frente a él un gato mira con atención a su amo concentrado en la redacción de un texto. Los gatos tienen esa maravillosa intuición de captar las emociones de los seres que ellos aprecian. Al fondo, un mapa de los caminos de la Patagonia chilena, la Tierra del Fuego, de donde Boric es originario.

La máquina de escribir es la portátil que Augusto Olivares llevaba consigo en sus viajes. Una persona conservó como un talismán esta máquina durante casi cincuenta años y un día se la entregó al futuro presidente de Chile.

En la entrevista que el periodista le hace, Boric dice:

> Un amigo me regaló la máquina de escribir de Olivares. Augusto Olivares era el secretario personal de Allende y en esta máquina redactaba los discursos que Allende leía en sus campañas. Era la máquina portátil que se llevaba a los viajes. Esta máquina la heredó el papá de un amigo, quien la conservó durante mucho tiempo y finalmente se la pasó a su hijo, y este me la ofreció diciendo que había ahí algo que quería traspasarme. Pensar que en esta máquina se escribieron los discursos de Salvador Allende es un orgullo y un honor para mí, es sentirnos parte de una misma historia.

Eso es: formar parte de la misma historia. El mensaje que el amigo quiso traspasarle al futuro presidente es que aquellos que dejaron una huella de lealtad, dignidad y coraje en la historia de Chile, están todavía presentes entre nosotros.

Torcerle la mano, entonces, a la afirmación del gran dramaturgo inglés y constatar que —a veces— la bondad de los hombres les sobrevive e incluso se agranda con el tiempo, mientras que la maldad termina por empequeñecerse y revelarse ante los ojos del mundo en su mórbida natura.

París, diciembre de 2022

Agradecimientos

A mi sobrino Aníbal Ricci Anduaga por sus consejos generosos.

A mis amigos Brigitte Eude y Antonio Beltrán por sus observaciones atentas.

A mi compañera Rosine, por soportar mis noches de insomnio.

A mi gato Tigru, por sus ronroneos en los momentos de desaliento.

www.ingramcontent.com/pod-product-compliance
Lightning Source LLC
LaVergne TN
LVHW050413160826
845677LV00002BA/355

* 9 7 8 9 5 6 4 1 5 0 3 7 6 *